アジアを生きる

姜尚中
Kang Sang-jung

a pilot of wisdom

はじめに

二〇二三年三月一二日、アメリカの第九五回アカデミー賞で『エブリシング・エブリウェア・オール・アット・ワンス』（通称『エブエブ』、二〇二二年製作）が、七部門を制する圧倒的な偉業を成し遂げた。

監督賞は二人組のダニエルズで、ひとりは中国系の監督ダニエル・クワンである。また脚本賞もダニエルズに与えられた。さらに主演女優賞に輝いたのは、マレーシア出身で香《ホン》港《コン》のカンフー界の女王とも呼ばれ、『007』シリーズの「ボンドガール」役を務めたことのあるミシェル・ヨーである。

これだけでも、「アジア尽くし」といった印象を受けるが、加えて助演男優賞も、映画『インディ・ジョーンズ　魔宮の伝説』（一九八四年製作）に出演したこともある中国系のベトナム移民キー・ホイ・クァンであった。

作品のシナリオから製作、俳優陣、さらにストーリーに至るまで「アジア」で塗り尽くされたような映画が、ハリウッド映画の頂点を極めることになるとは、受賞者自身も驚くほどの「事件」なのかもしれない。

映画は、アメリカ社会の底辺に滞留するアジア系移民家族の物語を、輪廻転生《りんねてんしょう》、仏教的な世界観を彷彿《ほうふつ》とさせるマルチバースの宇宙的なドラマに置き換え、喜劇とアクション、そして深遠な「アジア的宇宙」のドラマを盛り込んだストーリーになっている。

ここではハリウッド映画に典型的な「オリエンタリズム」のステレオタイプは明らかに消《き》え失《う》せ、「アジア的なるもの」がハリウッド的なエンターテインメントの中に溶け合い、「アジア」を感じさせながらも、「ウエスト」と「イースト」の「認識論的・存在論的な」分断が、少なくとも映画の中ではほとんど遠景に霞《かす》んでいるのである。

もちろん、穿《うが》って見れば、「アジア的なるもの」を消費する、新手の、手の込んだ表象の創造という見方もできないわけではない。

るた、いかにもアメリカ的な大衆文化の代表であるハリウッド映画の中で「アジア的な

しまでのステレオタイプから脱却しているとしても、現実の「アメリカの中

のアジア」が変わるわけではない、という冷めた見方もあるかもしれない。

しかしそれでも、第一次世界大戦以後、「アメリカニズム」の世界的な普及の重要な梃子《てこ》であった映画産業に、こうした変化が起き、逆に「アジア的なるもの」を積極的に取り込まなければ、ハリウッド的な映画産業すら成り立たなくなっているところに、オリエンタリズムの圧倒的な継承者であるアメリカ内部の変化が反映されていると言える。

もちろん、そうした「ハイブリディティ（異種混交性）」こそ、覇権国家アメリカの強みであり、依然としてアメリカの文化的なヘゲモニーは中国などを遥《はる》かに上回っているという見方もできる。

ただ、その中国が、今後、海外に広がる中国系の人脈やネットワークを通じてイランやサウジアラビアなど、西アジアの国々とオリエンタリズム的な表象で彩られた映像とは違った世界を創造する可能性がないわけではない。

振り返ってみれば、昨今のK-POPや韓流ドラマなど、韓国の大衆文化のグローバルな広がりは、半世紀前の学生のころの私には想像もできないことだった。たとえ韓国文化が「模倣」を通じて日本に、さらには「欧米」に少しでも近づけても、僅《わず》かばかりの富の均霑《きんてん》に与《あずか》る程度で、文化となれば、ハイブローなものであれ、大衆的なものであれ、せいぜい「居留地」のような狭い場所に閉じ込められた「特殊なもの」にとどまるに過ぎないだろう——。こうした「オブセッション（思い込み）」が私を呪縛していたのである。

もし、そうしたオブセッションをオリエンタリズムの「自己洗脳」的な効果と呼ぶならば、私はまさしくその「見事な」成果と言えるかもしれない。

こうした自嘲的な過去の私の姿を自ら明るみに引き出し、そこから私がどのような紆余《うよ》曲折《きょくせつ》のプロセスを経て、「アジア」と「西欧」の認識論的・存在論的な分断の克服を目指すまでに変わっていったのか。その「遍歴」を、時代のクロノロジーと思想史的な展開を交えながら振り返ってみたい。そう思い立って出来上がったのが、本書に他ならない。

そして、本書を上梓《じょうし》する最後の決定的なモメンタム（推進力）になったのは、集英社創業九五周年記念企画となる『アジア人物史』全一二巻の総監修を務めたことである。

神話と歴史の「誕生」から波乱に富む現代まで、数千年の時空の中で「アジア」に生きた人々の「生きざま」を知り、アジアとはかくも光彩陸離《こうさいりくり》とした人間絵巻を彩ってきたところなのかという、これまで経験したことのない驚きと喜びを感じたのだ。

本書は『アジア人物史』の総監修という得難い体験の中から生み出された「アジア的なるもの」への私の実人生的な感慨であり、また未来へのメッセージでもある。ただし、それは単なる「アジア回帰」でもなければ、手垢《てあか》にまみれた「アジア主義」の季節外れの復権の試みでもない。むしろ、「アジア的なるもの」を潜《くぐ》り抜けることで見えてくる新しい世界と人間の見方に対する、希望の表明である。

戦争と虐殺の苦渋に満ちた世紀の半ばに生まれ、今も「終わらない戦争」（朝鮮戦争）の終結を願う我が身を振り返ると、アメリカの歴史家バーバラ・W・タックマン（一九一二～一九八九、第一次大戦の顛末《てんまつ》を詳細に描いた主著『八月の砲声』でピューリッツァー賞を受賞）のいう「幻滅」ではなく、「希望」こそが依然として私たちに残されていると信じざるを得ない。

もちろん、そうした希望が、再び、幻滅に豹変《ひょうへん》してしまうことがないと断言はできない。しかし、それでも希望の余地が残されていると思うのは、冷戦終結以後の「アメリカン・スタンダード」としての自由市場経済の「グローバル・スタンダード」が、一九九〇年代の世界的な危機を通じて、結局「マルクスが正しかった」と言えるような事態をつくりだし、資本主義が自らを改革する機運を醸成させているからである。

ファシズムや共産主義などの政治的な脅威は、資本主義が自らを刷新し、改革する動機づけとなり、アメリカはそのフロントランナーであることで絶大な覇権を維持してきた。だが、ソ連邦崩壊から三〇年、覇権国家アメリカがユニラテラリズム（単独行動主義）を謳歌《おうか》し、すべての道はワシントンに通じると豪語できるような「デモクラシーの帝国」になったと思ったとき、それまで経験したことのない手強《てごわ》い政治的な脅威が成長していることに気づかざるを得なくなった。「アジア的」としか言いようのないような「異形の」資本主義大国・中国の台頭である。この事態は、冷戦終結以後の放任型の資本主義と自由民主主義の永続的な勝利という多幸症的な思い込みを粉砕することになった。

巨大な政治的脅威の台頭を前に、否応《いやおう》なしにサミュエル・ハンチントン（一九二七～二〇〇八、アメリカの国際政治学者）が主張したような「文明の衝突」の危機感が再び高まり、地政学的な対立は「西欧的なるもの」と「アジア的なるもの」、さらには「普遍的な価値観」と「特殊な価値観」との相克を際立たせることになった。ロシアのウクライナ侵攻は、こうした対立の構図にリアリティを与えることになったのである。

それでも辛うじて、第一次世界大戦を凌駕《りょうが》するに違いない世界的な破局への歯止めが利かなくなっているわけではない。「核戦争の恐怖」がその最後の防波堤になっているのである。それは、タックマンが描いた「幻滅」が空前の規模で世界を覆うに違いないという確信のようなものが、多くの国々で共有されているからではないだろうか。

確かに、その歯止めがいつ壊されるかもしれないという、危うい綱渡りを強いられていることは否定できない。ただ、それにもかかわらず、現在の地球的規模の危機が「西欧的なるもの」と「アジア的なるもの」、「民主主義」と「専制主義」、「普遍的な価値観」と「特殊な価値観」の相克として単に捉えられるのではなく、資本主義に内在する欠陥をいかに克服し、生態系の危機をいかに乗り越えていくのかにかかっているということについて、共通の認識が育まれ、分かち合われるのであれば、「幻滅」の代わりに「希望」が芽生えてくるかもしれないのだ。

先に紹介した映画『エブリシング・エブリウェア・オール・アット・ワンス』のように、「あらゆるものが、あらゆる場所で一斉に」変化し、本書で述べるような「グローバルな普遍性」の萌芽《ほうが》が立ち現れてくるかもしれないのである。

目次

第三章　地域主義と「東北アジア共同の家」—— 111

第四章　個別的「普遍主義」の可能性
――西欧とアジアの「認識論的・存在論的分断」を超えて――

本書には現代では差別的とされる用語・表現が含まれますが、これは当時の文献等の記述に基づくものです。時代の言説を理解する上で重要な手がかりと捉え、修正や言い換えは原則行っておりません。

第一章　近くて遠いアジア

「アジア」との出会い

振り返ってみれば、物心ついたころから、歴史の授業が苦痛だった。日本史では「三韓征伐」や「朝鮮出兵」、さらに「征韓論」や「韓国併合」といった言葉が私の心を暗くした。歴史の教科書では、私の記憶する限り、韓国や朝鮮が歴史を動かす独立の単位として登場することはなく、常に中国と日本の「付属」か「従属」的な存在として扱われていたからだ。

しかも、私の生まれた年（一九五〇年）に勃発した同族相残の「内戦」（朝鮮戦争）が、教科書では先行する歴史的な脈絡もなく突如として登場し、その唐突感で私の中に、父母の国の存在そのものがトラブルの元凶であるという先入観が定着してしまった。誇るべき文化も、継承すべき歴史もなく、歴史の波間で木の葉のように翻弄される弱小国。これが、韓国あるいは朝鮮（半島）という国のイメージだった。それは、帰するところ、「懦弱《だじゃく》」な民族性に由来していると思われたのである。

自分とそのルーツを見つめる内面の眼《め》にしたたり落ちる黒い汚点、それが韓国・朝鮮であり、「アジア」に他ならなかった。そのような眼差《まなざ》しが、「尊大に構え、蔑《さげす》むような無知のマントに偉そうにくるまっている」（アレクサンドル・ゲルツェン『向こう岸から』長縄光男訳、平凡社ライブラリー）自らの傲慢《ごうまん》さのネガであることを知るのに一〇年近くの歳月を要したのである。

その間、私は書籍的な知識を通じて歴史を学ぶだけでなく、「韓国系」の学生団体に出入りし、日本と韓国、北朝鮮、さらに「在日韓国・朝鮮人」を串刺しにするようなアクチュアルな問題の渦中に身を置き、過去の歴史と現代とが衝突して火花を散らす現場を体験することになった。

知識としての歴史と、身体的な感性を通じた歴史——過去が生々しいアクチュアリティに触発されて現在に蘇《よみがえ》り、また無定型でさまざまな可能性を孕《はら》んだ現在が歴史の溶鉱炉に溶かされて過去と結びつく。そうした「過去」と「現在」との動態的な関係に目覚めることになったのである。

そして、一九八〇年代の半ば、留学先の旧西ドイツから帰り、埼玉県のある町に居を構え、大学で教鞭《きょうべん》をとるようになったころ、日本はバブル経済のとば口に立っていた。一九八五年、いわゆるプラザ合意（米・英・仏・日・西独の先進五カ国の蔵相・中央銀行総裁会議G5によるドル高是正のための為替協調介入に関する合意）で、日本は円高の時代に突入し、ジャパン・マネーが世界を席巻する始まりとなったのである。

この年の一年前、新札が発行され、一万円札の肖像が福澤諭吉《ふくざわゆきち》になり、明治時代の優れた啓蒙家《けいもうか》、福澤諭吉は経済大国の事実上の「顔」になった。

草創期の明治国家の最大の対外的な懸案が「征韓論」であり、隣国の李朝朝鮮との関係は近代国家・日本にとって、アジアとの関係を占う試金石であったことはよく知られている。そしてプラザ合意から一〇〇年前の一八八五年（明治一八年）、当時の「時事新報」に無署名の社説として発表されたのが、福澤の「脱亜論」である。

「脱亜論」から一〇〇年の歳月を跨《また》いで福澤諭吉が日本の「顔」に選ばれたということは、その間の一〇〇年が、「事実上の脱亜」の歴史だったことを示唆している。

確かに福澤が、「脱亜論」で、「アジア東方の悪友」、朝鮮と「支那」との「謝絶」を露骨なほどに主張した背景には、福澤なりの切迫した国際情勢に関する認識があった。

「文明の普遍性」に門戸を閉ざし、「古風旧慣に恋々《れんれん》する」朝鮮や「支那」に期待をし、連帯を呼びかけても、むしろ一蓮托生《いちれんたくしょう》、日本も朝鮮や「支那」のように衰微し、亡国の道を歩んでいくことになりかねない。日本だけは断じてその轍《てつ》を踏んではならない。そのためには隣国だからといって「特別の会釈に及ばず、正に西洋人がこれに接するの風に従って処分すべき」である――。これが福澤の「脱亜論」の骨子である。

こうした外交的なレトリックすらもかなぐり捨てた、容赦ない（without mercy）隣国に対する「切り捨て御免」のロジックは、日清戦争以前の弱国、日本の国際的な劣位に対する福澤の痛切な危機感が発条になっていた。その意味で福澤の「脱亜論」は、変化する国際情勢と時代の脈絡を抜きにしては語り得ない。

しかしそれでも、福澤の「脱亜論」的なアジア認識が、日清戦争以後の日本の「事実上の脱亜」としての帝国主義的――覇権的なアジア認識へと連続していたことは否めない。なぜなら、「欧化主義的な」「文明の普遍性」を尺度とする文明―半開―野蛮の価値のヒエラルキー（序列）は、「事実上の脱亜」を通じて連綿として現代まで継承されてきたからである。

そのことがよくわかるのは、たとえば社会学者の栗原《くりはら》 彬《あきら》が『歴史とアイデンティティ』

（新曜社）で取り上げている、米軍占領下の一九五一年に文化人類学者の泉靖一《いずみせいいち》によって行われた「東京小市民の異民族に対する態度」という世論調査だ。「世界中でどの民族が好きで、どの民族が嫌いか」という問いに対して「好き」という回答が多かったのは、上位からアメリカ人、イギリス人、フランス人、ドイツ人であるのに対して、「嫌い」の筆頭は「朝鮮人」、次いでロシア人であった。

朝鮮戦争が勃発して間もなく、戦後からの「第三国人」への反発もあったと思われるが、戦後日本の心理的な世界地図、あるいは「心象地理（imaginative geography）」は、地理的な距離と反比例して近くのアジアに対して否定的、遠くの欧米に対して肯定的なイメージに彩られていたのである。

「暗い、陰鬱《いんうつ》、卑屈、汚い、田舎臭い、貧しい、惨め、あわれ、怖い、恐ろしい、劣る、遅れている、野蛮、非文明国……」。こうした近隣のアジア諸国に対する否定的な「心象地理」の語彙は、敗戦を跨いで明治、大正、昭和と続く「事実上の脱亜」の歴史によって成型されてきたと言える。

「アジアの代表」「先進国」の日本

　今ではひとり当たりGDP（国内総生産）で日本を追い抜きつつある韓国だが、軍事独裁政権下の一九七二年、私が初めて韓国を訪れたとき、ソウルで目にした物乞いをするストリートチルドレンの襤褸《ぼろ》をまとった姿には衝撃を受けざるを得なかった。父の故郷、慶尚南道馬山《キョンサンナムドマサン》の農村には電気も通っておらず、祖母は藁葺《わらぶ》き屋根のボロボロの土壁の家で暮らしていた。貧困の「生きた標本」、それが私のルーツの姿に他ならなかった。「枯死朝鮮」、朽ちていく「老国」というイメージの「生きた見本」を実見する思いだった。そのみすぼらしい「停滞」した社会の風景は、幼い時代の「在日」の原風景が生命を吹き込まれて目の前に蘇っているような錯覚を与えた。そして韓国社会は、巨大な「在日」に見えたのである。

　しかし、他方、社会の表層の停滞と貧困にもかかわらず、その深部でダイナミックに渦巻く混沌《こんとん》のエネルギーの熱量に心を揺さぶられ、私の中で父母の国のふたつの姿が鬩《せめ》ぎ合っていた。それは、「アジア」という言葉によって思い浮かぶアンビバレントな感情を代弁していた。

これに対して日本だけは、唯一「例外」のように思われた。一九七五年の第一回サミット（先進国首脳会議）に参加した日本のキャッチフレーズは「アジアの代表」「アジアで唯一の先進国」であった。日本は「遅れたアジア」の輝ける「代表」であり、同時に欧米「先進国」と肩を並べる存在として、アジアと欧米とをつなぐ「結節点」に位置する希有《けう》な国とみなされていたのである。

日本はアジアの「停滞」と「発展」を測るメジャー（尺度）、「参照系」になったのだ。「日本的」であることが、アジアという広域的な空間の「スタンダード」になり、平たく言えば、「日本的」であることが、「近代的」であることとシノニム（同義語）の関係にある「普遍化」された記号として通用するようになっていた。

とりわけ、先進国首脳会議に先んじて開催された、アジア最初の万国博覧会（一九七〇年に大阪府吹田《すいた》市の千里丘陵で開催された国際博覧会ＥＸＰＯ'70）の画期的な成功によって、アジアの多くの国々にとって「日本的」であることが、事実上「文明的」であることとシノニムのように見えたのである。それは、明治維新以後、日本をモデルに韓国の改革派の知識人たちが、「日本的」なものを模倣することが、「文明的」なものに通じる早道とみなした時代を彷彿《ほうふつ》とさせた。

韓国の行く先々で私の叔父のような「日本語世代」が、「脱亜論」の福澤諭吉を師と仰ぎ、まるで李朝朝鮮の改革（甲申政変《こうしんせいへん》）を企てた「急進開化派」の代表、金玉均《キムオッキュン》の末裔《まつえい》であるかのように、日本について熱っぽく語っているのが印象に残った。同時に、甲申政変後、日本に亡命し、不遇のうちに上海《シャンハイ》で暗殺される金玉均の運命にも似て、日本に対する愛憎が併存する屈折した心情が垣間見《かいまみ》られた。おそらく、それは、「親日派」と括《くく》られていた軍事政権のトップ、朴正熙《パクチョンヒ》大統領のアンビバレントな心情と通じるものがあったのではないだろうか。

そこに共通していたのは、韓国が日本の後塵《こうじん》を拝し、一〇〇年経《た》っても近代化の「劣等生」という不名誉な境遇に甘んじなければならないという不遇感であり、コンプレックスだった。それらが、大学生の私の中にも澱《おり》のように沈潜していたのである。そうした鬱屈《うっくつ》した感情を抱えた大学生の私が、初めて社会科学といっていい学問と出会ったのは、欧州経済史家として著名な大塚久雄《おおつかひさお》を通じてだった。同時に、私は彼を通じてマックス・ウェーバーという二〇世紀最大の社会科学の巨人のことを知るようになったのである。

「大塚史学」との出会い

私が熊本から上京した一九六〇年代末、ベトナム反戦運動を背景に世界各地で盛り上がった熱い「政治の季節」は、戦後世界を主導してきた根本的な価値観やイデオロギーへの懐疑を残したまま、終焉《しゅうえん》に向かっていた。日本でも学園紛争の嵐は既にやみ、キャンパスにはその残骸が見られつつも、ほとんどの学生たちは「革命」や「右翼」の極端な主張に「しらけ」、平和で豊かな日本で小市民的なミーイズム（私生活中心主義）を謳歌《おうか》していた。

そしてマルクスもサルトルも「意識高い系」のノンポリ学生の「ファッション」と化しつつあった。一方、南北分断の中で軍事独裁政権による自由や民主主義への抑圧が続いていた韓国の状況を背景に、「在日」の学生団体の「政治の季節」は続き、同じ「在日」の中でも対立や分裂が生まれていた。私はさまざまな「在日」の学生政治団体に勧誘されたが、「『在日』をどう生きたらいいのか」という問いへの答えが見出《みいだ》せない中、活動に足を踏み入れる気持ちにはなれなかった。

大学の講義に早々に失望した私は、図書館や大学の近くの古本屋街で出会った本を読んで過ごすようになった。それまで夏目漱石《なつめそうせき》やボードレールの『悪の華』（鈴木信太郎訳）などを読み耽《ふけ》る文学青年だったのに、偶《たま》さか古書店で見つけたカール・レーヴィット（一八九七～一九七三、ドイツの哲学史家）の『ウェーバーとマルクス』（未來社、一九六六年）を手に取ったのもそのころのことである。

内容はよくつかめないながら、マルクスではなくウェーバーに惹《ひ》かれたのは、ソウルの叔父が徹底した「反共」であったことと無関係ではない。叔父に限らず、韓国ではマルクス主義は「敵性イデオロギー」であり、「北（北朝鮮）」の危険思想の源とみなされ、軽々しくマルクスについて論じることなどできなかった。私の中には、一世を風靡《ふうび》した「新左翼」への憧れとともに、彼らのマルクスボーイ的な言動に対して、「韓国であれば、そんなふうにマルクスの話などできない。平和な日本にいるから自由奔放に振る舞えることにも気づかないなんて、いい気なものだ」という強い反発があった。そんな心情が、マルクスの「好敵手」であるウェーバーへと無意識のうちに傾斜させたのかもしれない。

レーヴィットの本は、「疎外」をキーワードにマルクスの思想を読み解き、それと対比させる形で「合理化」をカギにウェーバーを新たに解釈し直し、マルクスとウェーバーという、社会科学の巨人の現代的なレガシーを蘇らせようとする古典的な研究だった。大学生になりたてのころの私には少々、難解ではあったが、そこには高校生のころ濫読《らんどく》した夏目漱石の作品世界と通底する何かがぎゅっと凝縮して詰まっているように思えたのである。それはまるで、輝かしく見える近代社会が、底知れない矛盾と空虚さを抱えながら、人を押し潰していく悲観的な未来への診断書のようであった。

引っ込み思案で、学校に通うのも億劫《おっくう》になり、「自主休校」をしては応接間の装飾品の一部と化していた世界文学全集や日本文学全集、さらに文庫本などを気分の赴くままに濫読していた高校生のころから、私の気分は悲観的なもの、シリアスなものとの相性がよかった。漱石にのめり込んだのも、そうした憂鬱な高校生の孤独と関係していたに違いない。

レーヴィットの本には、ウェーバーによる陰鬱な未来への予言がちりばめられ、読み終えた後、その暗さがずっと尾を引いていた。にもかかわらず、というよりだからこそ、私はウェーバーに惹かれたのかもしれない。悲劇的なヒロイズム。その感覚は、「造反有理」にも、また「企業戦士」としての未来も閉ざされているように見えた自分の境遇へのささやかな抵抗だった。

そんな私は大学入学早々、大塚久雄の『社会科学の方法』(一九六六年)を手に取る機会に恵まれた。大塚は当時、政治思想史家の丸山眞男《まるやままさお》と双璧をなすアカデミズムの大家であり、スターだった。また、大塚は、レーヴィットと違ってマルクスとウェーバーの方法論を相互補完的なものとして捉え、アジアと近代化、アジアと資本主義、アジアと文化の関係を包括的な座標軸を通して論じており、戦後日本の社会科学の歴史に刻まれる突出した先駆者のひとりと目されていたのである。

一九七〇年、偶さか私は大学の友人と連れ立って、国際基督教《キリストきょう》大学で行われた大塚の記念公開講座に出席する機会を得た。大塚がいったいどんな人物なのか、この目で見、その講義を直《じか》に聴いてみたいと思ったのだ。

大塚の周りには幾重にも人垣ができ、著書にサインをもらおうとしたわれわれは近づくこともできなかった。実物の大塚は、やはり雲の上の人のようだった。

壇上の大塚は着物姿で、片足を失っていることには驚いたが、寄席《よせ》通いで培われたという話術は絶品だった。講演の内容は正確には覚えていないものの、『社会科学の方法』の白眉と言える「経済人ロビンソン・クルーソウ」の話が中心だった。

ダニエル・デフォーが『ロビンソン・クルーソー』を書いたのは一八世紀前半のことだが、大塚によれば、この小説は産業革命を成し遂げようとしていた当時のイギリスを担う「中産的生産者層」の生活様式をユートピア的に理想化して描いたものだという。

船が難破してたどり着いた無人島で、ロビンソン・クルーソーは土地を囲い、そこで作物を栽培し、捕らえた野生の山羊《やぎ》を飼育し、さらにはその土地の中に建てた小屋で生活に必要な食器や衣服を作るだけではなく、漂流生活の「損益計算書」まで作成している。このように現実的な計画を立て、合理的に行動し、再生産の規模を拡大していく生活態度は、まさに近代の経済人（ホモエコノミカス）の原型であり、そこから階級的に分化が起きて資本家と労働者が生まれるというのが大塚の語る筋書きだった。こうした説明はきわめてわかりやすく、文字通り目から鱗《うろこ》が落ちるようだった。

無味乾燥な実証性や規則性ではなく、社会的行為者の主観的な意味や動機を理解しつつ、歴史的な因果帰属を明らかにする「大塚史学」は、マルクスやウェーバーについて聞《き》き齧《かじ》った程度の知識しかなかった二〇歳の私にとって、社会科学の醍醐味《だいごみ》を知らしめてくれるものであった。

まるで磁石に引き付けられる砂鉄のように、私は「大塚史学」の虜《とりこ》になった。

「人間類型」の吸引力

欧州経済史を専門とした大塚の学問的関心は、西欧において近代資本主義が発生・発展した歴史の研究にあった。彼は、近代化には「共同体の解体」を含めた封建制《ほうけんせい》の解体が必要であるとしたが、そこにおいて決定的に重要な概念は近代化社会の主体的基盤であり、それを大塚は「人間類型（Menschentypus）」という言葉を使って鮮やかに析出してみせた。

今でも覚えているのは、大塚の講演で「ロビンソン・クルーソーはブルジョワジーだ」と聞いたときの衝撃である。当時、「ブルジョワジー」は余剰価値に寄生する唾棄《だき》すべき存在とみなされており、「お前はブルか」という問いかけは人間否定にも等しい罵倒《ばとう》であった。しかし大塚は「本来のブルジョワジーは、一七世紀イギリスでヨーマンリー（独立自営農民）やジェントリ（下級地主層、郷紳）と呼ばれる人々の中から出てきた中小的生産者層としての自営農民であり、それを体現するロビンソン・クルーソーは近代資本主義の発生期におけるヒロイックな『人間類型』」だと説明した。

大塚は、「人間類型」をロビンソン・クルーソーに代表される「近代的人間類型」と「魔術の園（Zaubergarten）」に微睡《まどろ》む「アジア的人間類型」に大別し、歴史発展の「正系」としての欧州の社会史・経済史と、「異系」あるいは「逸脱」としてのアジアのそれとを対比し、日本の近代化の課題を明らかにしようとしたのである。

「欧米近代的な人間類型」を駆動していた「生産力の倫理」は、大塚によると禁欲的プロテスタンティズム、中でもカルヴィニズムであった。内村鑑三《うちむらかんぞう》から洗礼を受けた無教会派クリスチャンであった大塚は、ウェーバーの宗教社会学から影響を受け、「アジア」にはそうした宗教的なエートスが欠けていると考えていた。

一方、ウェーバーは「ヒンドゥー教と仏教」の中の「アジアの教派《セクト》と救済宗教」で中国、朝鮮、日本について触れ、特に日本の浄土真宗がその阿弥陀仏《あみだぶつ》信仰の面で西欧のプロテスタンティズムと比較されうると述べている。大塚はこの点に注目しているが、それを除けば、アジアの宗教についての理解はウェーバーの焼き直しの域を出ていないと言える。

大塚によれば、自由で自律した諸個人から構成される近代社会の人間的基礎である「近代的人間類型」に対し、「アジア的人間類型」は、最も原初的で血縁関係を中心とする「氏族（部族）」共同体を基礎とするとされている。

彼の『共同体の基礎理論』でそのくだりを読んだときはピンとこなかったが、初めて訪れた父母の故郷である慶尚南道馬山で、何十人という一族郎党に出迎えられた経験をしたとき、「これが大塚さんの言う、原初的な血縁関係を中心とするアジア的共同体か」と心底納得した。「アジア的共同体」には宗教、特に道教の制約が強いとされたが、母の生活の中で重要な位置を占めていた世俗化された道教の考え方や習慣を思い出すと、「この血縁関係というものは、いったい何なのか」と、歓迎された喜びの中でも疑問を持たざるを得なかった。

『共同体の基礎理論』は、前近代の共同体が解体し、「近代的人間類型」を土台につくられた市民社会（＝近代）に至る道のりを解き明かす、大塚の主著である。そこではドイツ歴史学派の発展段階論が援用されるとともに、マルクスの「アジア的生産様式」論が、資本主義的生産様式に「先行する」諸形態として敷衍《ふえん》され、「アジア的形態」→古代ギリシアやローマ帝国の都市共同体である「古典古代的形態」→中世イギリスやヨーロッパにおける中小自営農民による土地の私的所有関係が共同体の占取の中で構築されていく「ゲルマン的形態」として実体化され、この「理念型」的共同体の諸形態の発展段階が「近代」への発展段階とほぼ重なり合っていた。

時間軸で表される歴史の発展段階を「横倒し」にすれば、西洋と東洋、欧米とアジアという地理的・空間的な区分に分けられるが、こうした二分法は、この章の冒頭で述べた「進んだ西洋」と「遅れたアジア」という当時の世界の現実とまさに合致するものであった。

「大塚史学」の「近代」への発展史が明快であればあるほど、私は絶望的な気持ちになった。広い意味での文化論・人間論とも呼べる大塚の理論に従えば、合理化が進んでいない伝統的な「魔術の園」に微睡む「前近代社会」は「人間類型」が作り出している、つまり生産力が劣る「遅れた社会」にいる人間や文化がダメなのだ、ということになる。

初めての韓国訪問を機に「永野《ながの》鉄男《てつお》」から「姜尚中《カンサンジュン》」に名前を変え、韓国文化研究会（韓文研）という「在日韓国人」の学生団体の一員として「にわか民族主義者」になっていた私にとって、「前近代社会」とイコールで結ばれる「アジア的共同体」という概念を受け入れることには内心、強い抵抗感があった。しかし、当時の未熟な私は大塚に学問的に反証することはできなかった。「アジア的人間類型」が「人間類型」の劣等生であり、「停滞のアジア」の原因であるならば、アジアの人々は「人間革命」を行い、内面や文化を根本から変えなければ近代化を成し遂げることなどできない。その片割れである「在日」はいったいどうしたらいいのか……果たしてウェーバーは本当にそのようなことを言っているのか、自分で確かめてみたい。そんなやむにやまれぬ気持ちが、私をウェーバー研究へと駆り立てたのである。

「土地史観」と「帝国の平和」

『共同体の基礎理論』においては、近代資本主義への発展は、土地の占取関係の基盤における私的所有の拡大と、その形態進化に応じたさまざまな共同体の継起的・段階的発展として想定されている。私が大塚の歴史観に強く惹かれながらも違和感を覚えたもうひとつの理由は、その「土地史観」にあった。資本主義においては「商品」が富の基礎的範疇《はんちゅう》とされるが、大塚は前近代のそれを「土地」と考えた。大塚の言葉を借りれば、「土地」

は「食糧やその他既成の生活手段を貯蔵するいわば天与の大倉庫」かつ「自然から与えられた労働の場所、天与の仕事場」にして、また「原始的な労働手段の武器庫」である。そして、人間自体も「多かれ少なかれ大地の付属物として、家畜とならんで、客観的な自然物の系列のうちに埋没されて現われる」ものであった。

政治的窒息の戦時期に講座派マルクス主義の影響を被った知識人のひとりとして、大塚が土地を基盤にした生産力中心の歴史観を持っていたのは当然と言えるだろう。しかし、それでは「在日」は大塚が描き出す世界史の展開から落ちこぼれてしまうことになる。なぜなら、故国では小作農として生きていた「在日」一世たちは、外国人の農地取得が制限されている日本で第一次産業に従事することは困難だったからである。関西では下請けの第二次産業、関東では第三次産業という違いはあったが、中間的なマージンで稼ぎ、土地を持たないという点では共通していた「在日」は、ウェーバーの用語を借りれば、「パーリア（賤民《せんみん》）資本主義」の系列に位置づけられる。

こうしたウェーバーの資本主義の起源に関する論と対立するのは、ウェルナー・ゾンバルトの浩瀚《こうかん》な『恋愛と贅沢《ぜいたく》と資本主義』や『近代資本主義』といった研究である。資本主義の成立事情を、主に嗜好品《しこうひん》の生産や消費、ユダヤ的金融資本の発展から説明しようとしたゾンバルト・テーゼは、近代資本主義の「正系」から外れた「流通浸透史観」による資本主義論ということになる。大塚の近代資本主義の系譜論から見れば、それは「異端」であり、商業・流通・金融の発展による資本主義のタイプは、歴史上、いたるところに見られた資本主義の典型に他ならないのだ。

大塚は一七世紀前後を、資本主義社会となる近代とそれ以前の前近代の分水嶺《ぶんすいれい》と考えていたが、この時期は地中海域のオスマン帝国、イランのサファヴィー朝、南アジアのムガル帝国、そして東アジアの明《みん》と清《しん》というアジア各地域の「帝国」が繁栄した時代でもあった。これらの帝国は商業を重視し、広範な国際的交易ネットワークによって繁栄していた。大塚によれば、こうした遠隔地貿易は資本主義の正常な発展を促すというより、前近代的な社会関係に寄生しながら、むしろそれを強めていく「政治寄生的な資本主義」であり、「アジア的」とされた。

ウェーバーはその浩瀚な『古代社会経済史』（東洋経済新報社）で、古代ローマ帝国の終焉と古代資本主義の窒息とを「帝国の平和」と結びつけて説明している。これと同じように、中国の場合も、巨大な家産官僚制的な「統一帝国」の成立が、複数の主権的国民国家が「資本獲得のために競争」し合う近代ヨーロッパの公法秩序と異なって自由な資本の移動を撓《たわ》めてしまい、中国では「内政的な略奪資本主義」が主流になってしまったという。

ウェーバーの『世界宗教の経済倫理』の中の「儒教と道教」を私が本格的に読み始めるのは、後になってからだが、後述するイマニュエル・ウォーラーステインの「近代世界システム論」を知るようになって以来、ずっと気がかりだったのは「儒教と道教」の中の次のような記述である。

世界帝国内の平和化いらい、合理的な戦争 *der rationale Krieg* がなかったし、また、さらにもっと重要なことは、たがいに競争する数個の独立的な国家の、たえず戦争の準備をする武装的平和と、それによって引き起こされた様式の資本主義的現象、すなわち戦争目的のための戦時公債や国家納入などがなかったことである。西洋の各邦ごとの国家権力は、好みによって移動する資本をえんがために競争せねばならなかったのであって、これは古代（［ローマの］世界帝国以前の）においても、中世と近世とにおいても同じであった。この、資本獲得のための競争は、ローマ的世界帝国においてと同様に、中国の統一帝国においても中止されたのであった。

（『儒教と道教』木全徳雄訳、創文社）

ウェーバーによれば、ヨーロッパでは古代ローマ帝国崩壊以後、統一的な帝国的システムが成立せず、複数の相互に競合する独立した主権国家が並列し、資本獲得の競争を繰り返してきたという。したがって「帝国の平和」が成立しなかったために、西欧で資本主義の合理的な展開が可能になったことになる。

他方、西欧と違ってアジアでは、「内陸帝国という地理的諸条件」もあり、中国のような統一帝国には「海外および植民地の関係がなかった」、さらに「海外伸張の制限のほうが逆にまた、中国的社会の一般的な政治経済的性格の随伴現象でもあった」とウェーバーは指摘しているのである（同前）。

この指摘を見つけたとき、なぜ明の鄭和《ていわ》が数度にわたる大航海を重ねながら、後のコロンブスのような略奪者・征服者にならなかったのか、その一端がわかったような気がした。

ウェーバーは中国のような「帝国の平和」は、植民地資本主義や略奪資本主義の発展にとっても障害になったと指摘しているのである。逆に言えば、中国からはあのコルテスやピサロも生み出されることはなく、ヨーロッパより遥《はる》かに「暴力的」「略奪的」でなかったことにならないか？

こうしたウェーバーの指摘を、帝国主義的な植民地獲得競争の暴力的な歴史に徴《ちょう》してみるとき、ただ中国では、そしてアジアでは、西欧的な合理的資本主義の展開が阻まれたが、その社会学的および政治経済的な条件として家産官僚制的な統治システムが障害となったという「欠落論」で片付けられるのかどうか。そこには、ウェーバーの言う近代資本主義の範疇に適合的なヨーロッパの政治・法・社会制度の発生史的な考察が、中国などとの比較を通じて展開されているとしても、それはあくまでも資本主義の発展という、ひとつの限定された視角からの考察であり、ヨーロッパとアジアの価値の優劣を示すものではないのではないか？　少なくとも「戦争」と「平和」という価値から見れば、先の指摘にあるように、アジアの方がヨーロッパよりその統治システムの構造（「帝国の平和」）として、「平和」的な社会であったとも言える。

大塚のヨーロッパとアジアの比較考察が、こうした疑問をスルーした、むしろ価値の優劣へとパラフレーズされている印象を拭えず、次第に私は大塚のマルクスとウェーバーを巧みにブレンドしたような語り口に違和感を覚えるようになっていった。

近代日本のアポリア（難問）

「大塚史学」は、福澤諭吉の『文明論之概略』以来の近代日本人による、「世界史のなかの渾身の自己了解の到達点」（近藤和彦『文明の表象　英国』山川出版社）という評価を得ていた。「世界史のなかの自己了解」とはすなわち「なぜアジアの中で日本だけが近代化に成功したのか」を意味する。その「自己了解」をめぐる考察を貫く縦糸は文明の発展段階論と生産力史観であり、「大塚史学」はその最もソフィスティケート（洗練）された体系であった。

豊かな欧米と貧しいアジアという二分法の中で日本を位置づけるときに鍵となったのは、封建制の解釈である。たとえば吉野作造《よしのさくぞう》らと共に大正デモクラシーを主導した社会政策学者の福田徳三《ふくだとくぞう》（一八七四〜一九三〇）やジャパノロジストのエドウィン・ライシャワー（一九一〇～一九九〇）などは、西洋の他には世界で日本だけが西欧に近いレーエン（領地）封建制を作り上げたと論じ、そうしたレーエン封建制の欠如した、あるいは未発達であることが、アジアを資本主義的近代化から「逸脱」「落伍《らくご》」させた停滞論の有力な論拠ともなった。

こうした議論の中で、日本では家産官僚制的な色彩が最も薄いことに加え、鎌倉幕府の御家人制度以来の土地を媒介とした主従関係が、中世西洋のレーエン封建制に準《なぞら》えられ、その後、明治維新を経て、絶対主義的中央集権国家の成立への道を辿《たど》ったとされた。

ただ大塚自身は、西欧の封建主義と日本のそれとの間に、生産力的基礎あるいは生産諸関係における血族関係などの点で大きな隔たりがあると考えていた（「いわゆる『封建的』の科学的反省」『共同体の基礎理論　他六篇』岩波文庫所収）。また、講座派マルクス主義の伝統に立てば、明治維新は封建的絶対王制を成立させた絶対主義革命であり、未《いま》だ資本制に移行するブルジョワ革命は達成されていないということになる。おそらく大塚は、アジアの中では相対的に進んでいるとしても、日本の前近代的な封建的桎梏《しっこく》は払拭されていないと考えていたはずだ。

「大塚史学」はいわば資本主義の系譜学であるが、戦時期から敗戦、そして戦後に至る日本の近代化とその問題の診断、さらに処方箋の提示という意図も込められている。丸山眞男らと共に、敗戦直後に啓蒙思想家として戦後の民主改革を推し進めた大塚の問題意識の根本には、アジアの中で早熟的近代化に「成功」した日本で、なぜ近代的なエートスや思惟《しい》の「順調な」発展が挫折し、無謀な戦争に突入した結果、壊滅的敗戦という「失敗」に至ったのか、というアポリア（解決のつかない難問）があった。

戦後日本の再生に向け、そのアポリアを徹底して抉《えぐ》り出すことが、大塚にとっては生涯の「ザッへ（職分）」だったはずだ。

近代の日本は「アジア的共同体」の残滓《ざんし》を払拭し得ないまま、「国富」と「民富」、「感覚的欲求」と「内面的な自発性」、権威と自由の分裂を抱えた状態で資本主義の「特殊な道（Sonderweg）」をひた走って、その挙げ句に敗戦という巨大な破局を迎えた。たとえば丸山眞男が日本の敗戦の理由を日本人の「精神構造」に求めたのに対し、大塚が焦点を当てたのは生産力の問題であった。大塚が戦中期に書いた論文を読むと、勝利に向けた総力戦体制の中で、労働者の自発的な生産性の向上をいかになすべきかが眼目になっている。

大塚の観点から言えば、結局、明治維新から敗戦に至るまでの日本では国民経済の「近代的・民主的な人間類型」を欠いたままであり、戦後改革は制度や機構ではなく人間が変わる契機と捉えられた。

大塚にとって、戦後民主主義の理念は、日本における「近代的人間類型」の確立と生産力の再生を託す希望であったと言えるだろう。

フィクションとしての「アジア」

一般社会にも膾炙《かいしゃ》した「大塚史学」の魅力は、マルクスの考え方をウェーバー的な共同体理論に接合した文明（近代）の発展段階論と生産力史観のわかりやすさにあった。しかし、そのわかりやすさは思わぬ陥穽《かんせい》を作り出すことにもなったのではないか。

実は、「アジア的人間類型」は大塚の造語である。大塚が援用したマルクスがアジアを「前」資本制的生産様式しか知らない社会と捉えていたとしても、「人間的＝価値的に」「劣った」社会であるという価値判断をしていたかどうかは明確ではない。大塚の「人間類型」、特に「アジア的人間類型」は、ウェーバーの中国社会論（『世界宗教の経済倫理』の

「儒教と道教」など）の影響を色濃く受けている。しかしウェーバーが、「ユダヤ＝キリスト教」を「進歩」「進化」と捉えるヨーロッパ中心史観と相対的に距離をとりつつ、宗教を手がかりに、インドや中国、イスラームの諸世界に分け入っていったことを忘れてはならない（イスラームを「戦士の宗教」という形で範疇化したことの妥当性や、資本主義とイスラームとの関係については社会学者のブライアン・ターナーなどが批判している［Weber and Islam, 1974.『ウェーバーとイスラーム』樋口辰雄他訳、第三書館］）。

マルクスとほぼ半世紀隔たって生まれたウェーバーは、ヨーロッパという「中心」が揺らぎ始める一九世紀末から二〇世紀という激動の時代を背景に、マルクスのように楽観的な社会発展の道筋を描くことはできなかったのだろう。また、「儒教と道教」でウェーバーが「太平天国の乱」を、硬直化した中国社会を変革して「近代化」に向かう契機の可能性として言及している点も見逃せない。

インド史家の小谷汪之《こたにひろゆき》は『共同体と近代』（青木書店、一九八二年）の中で、『共同体の基礎理論』が依拠するウェーバーの「ヒンドゥー教と仏教」（『世界宗教の経済倫理』）の基礎資料であるベーデン・ポーエル『英領インドの土地制度』、ハインリッヒ・クーノー『経済全史』を、大塚は曲解しているとして批判した。小谷によれば、これらの資料が示す当時のインド社会では、土地は大塚が言うような富の基礎的範疇ではなく、むしろ水利が重視されていたというのである。

小谷によって指摘された「アジア的共同体」の虚構性は、大塚が歴史の「正統」とした英米の歴史を照射する。たとえば、大塚が叙述するアメリカは、近代社会のフラスコの中で純粋培養されたかのようだが、そこではネイティブ・アメリカンからの収奪や奴隷制についてはほとんど言及がなく、「近代的人間類型」のベンジャミン・フランクリンが称賛される。同じく「近代的人間類型」のモデルとされるロビンソン・クルーソーのコロニアルな面も顧みられることはない。小谷は、「大塚史学」がアジアと西洋を認識論的・存在論的に分割することの問題も言及しているが、これは当時欧米圏で既に話題になっていたエドワード・サイードの『オリエンタリズム』を基にした批判であった。しかし、私がサイードに出会うのは、もう少し後のことになる。

若き日の私が煩悶《はんもん》した「アジア的人間類型」は、実際には「大塚史学」の西洋中心主義が生み出した「フィクション」ではないのか。疑念は深まるばかりだった。

アジアの前にあったふたつの道

一九七〇年代の終わり、オーバードクター（大学院博士課程の所定年限を終えながらも定職を得られていない状態）になっていた私は、新左翼系の若手学者が集まる勉強会に参加するようになった。「寺子屋」と名付けられたその集まりでは、カール・ウィットフォーゲルなどによる「停滞のアジア」を補強する学説とともに、東南アジアのフィールドワークを行った鶴見良行の仕事などとの出会いを通して、違うアジア像を知ることにもなった。

当時、ヨーロッパに植民地化された国々がどのように経済成長していくかという問題意識から、南北問題や開発経済についての議論が盛んに行われていた。そのひとつは、アメリカの経済学者ウォルト・ロストウ（一九一六～二〇〇三）が唱えた、いわゆるキャッチアップ型の経済発展である。ロストウの経済発展段階説は「伝統的社会→離陸のための先行条件期→離陸期→成熟への前進期→高度大衆消費時代」とアメリカ型社会をゴールに設定し、すべての社会がこの「成長段階」のいずれかにあたるとした。ドイツ歴史学派とは異なり、ロストウは質的ではなく量的指標、たとえば電力消費量や出生率、衛生状態、テレビの台数などを挙げ、こうしたインデックスが一定の水準に到達すれば、西洋に限らず世界のどの国も、いずれ「高度大衆消費時代」を迎えられるとした。

このようなキャッチアップによって近代化が学習可能であれば、「人間革命」は必要ないということになる。しかし、ドイツ生まれの社会学者・経済史家、アンドレ・グンダー・フランク（一九二九〜二〇〇五）が唱えた「従属理論」によれば、豊かな先進国と貧しい途上国の差は埋まらず、後者は半永久的に従属構造から抜け出せないとされる。それでは結局、「停滞のアジア」はどこまでも貧しいままということになる。

一方、キャッチアップ型とは違う形を目指したのが、内側からブルジョワジーを育てていく「自立的民族経済論」（「内発的発展論」）であった。一九六〇年の四・一九学生革命で李承晩《イスンマン》政権打倒を叫んだ韓国の学生たちの「反独裁・反外勢・反封建・反買弁」という理念は、一九世紀以降のアジアが自立経済を目指す上でのひとつの道筋でもあった。私が一九七〇年代初頭の韓国で目にした軍事独裁型開発は、国家の強力な後ろ盾とベトナム戦争特需に支えられたもので、これは戦前の日本から一周・二周遅れの暴力的蓄積過程を経たものであった。それでも、「民族主義」「自主自立経済建設」を掲げた朴正熙政権による初期の経済政策（「内包的工業化」）は、外資や輸出に頼る外部依存型ではないという点で、「大塚史学」と重なる面もあった。ただし、朴政権は後に外部依存型に方向転換していくことになる。

これらのアクチュアルな問題については、大塚も関心を持っていた。たとえば、一九六〇年代になって、大塚は「近代化と産業化の歴史的関連について――とくに比較経済史の視角から」という論文を著している。共同体の解体を経ずに産業化を成功させようとしていた途上国の現実を前に、近代化を指向することによって産業革命のための前提諸条件が整備されたのが西欧諸国だとして、産業化を果たしつつ伝統的社会構造を残したままの社会が「はたして近代化に向かうのだろうか」と、大塚は問うている。

そして、「現在の私には、この問いに対する答えは、どうしても否であるように思われるのである」と述べている。大塚にとって、「近代化」と「産業化」はあくまで別のものであった。

今に続くアジア理解のパラダイム

当時活発だったこれらの議論は、中国をはじめとするアジアの国々が目覚ましい経済発展を遂げた今、改めて検証される必要があるだろう。「停滞」の原因とされた「アジア的人間類型」はもちろん、「アジア的停滞性論」、そして「西洋の進んだ社会」をゴールとする単線的な歴史観は、「遅れたアジア」が豊かになっていく中で次第に破綻していったと言わざるを得ない。

資本主義が、格差の拡大や経済の二重構造、中小零細企業の逼迫《ひっぱく》、過重労働など、絶えず歪《いびつ》な構造を生み出している現実を前に、大塚が提示した輝かしい理想としての資本主義社会は、もはや説得力に欠けていると言えるだろう。だが、西洋とアジアを「進んでいる」「遅れている」という上下関係に置くような「大塚史学」のパラダイムは、「人間類型」という大塚のタイポロジー（類型論）とともに形を変えて生き続けていると言えないか。

大塚は「アジア的人間類型」を「中国型」「インド型」に分類し、それらアジア的血縁共同体のコロラリー（系）として「ロシア」を想定していたのではないだろうか。ただ、大塚だけでなく、マルクスもアジア的生産様式論をロシアに適用していたし、ウェーバー、ウィットフォーゲルなど多くの論者が、一三～一五世紀にかけてモンゴル帝国の支配下に置かれたロシアをアジア圏にゾーニングし、ロマノフ王朝のツアーリの専制支配をアジアに近いものとして理解していた。こうした分類の仕方は、冷戦終結によりイデオロギーの対立が消滅し、民主主義や自由、人権を掲げる「西欧文明」対「非西欧文明」をキーワードに世界を見ていくことが一般化する中で、「文化類型」や「宗教類型」という形で展開されていくことになる。サミュエル・ハンチントン『文明の衝突』やフランシス・フクヤマ『歴史の終わり』などはその典型であるが、経済発展を遂げた中国やロシアはアジア的専制支配が続いており、民主化が進んでいない「遅れた」国であるというカテゴライズは、昨今の中国脅威論やウクライナに侵攻したロシアに対する欧米諸国の態度、あるいは「価値観外交」からも見てとれる。

ともすれば、国際政治の現実はこうした二元論の妥当性を証明するかのように見えるが、「西洋」対「アジア」という図式からいかに離脱していくかは、未だ世界が抱える命題と言えるだろう。その可能性を、ウォーラーステインの「近代世界システム論」とサイードの「オリエンタリズム」を手がかりに次章で考えていくことにしたい。

第二章　西欧とアジアの二分法を超えて

「寺子屋」での体験

一九七〇年代の後半、オーバードクターのまま、身の置き所に不安を覚えた私は、第一章で述べたように高田馬場の私塾「寺子屋」に出入りするようになった。韓国系の学生団体での活動にも別れを告げ、アカデミズムの世界へと復帰しようとしたが、疾風怒濤《どとう》の「政治の季節」を経験し、私は「元の隊列」に戻ることに逡巡《しゅんじゅん》していた。そうした中、東京大学駒場・教養学部の「造反教官」のひとりであった折原浩《おりはらひろし》氏が、「寺子屋」で社会人向けの「マックス・ウェーバー研究」講座を担当すると知り、それを聴講しようと思ったのである。

ウェーバー研究を一からやり直したい。それが、動機だった。同時に、折原氏が、社会科学における「戦後啓蒙《けいもう》主義」の絶大な権威とみなされていた大塚久雄《おおつかひさお》や丸山眞男《まるやままさお》への批判を公にしていたことに興味を覚えたのである。

七〇年代後半は、中国では毛沢東《もうたくとう》の死(一九七六年)後、文化大革命の荒廃は癒やされず、実権派の鄧小平《とうしょうへい》の復活にもかかわらず、「改革開放」への足取りは重く、中国は停滞した巨大な最貧国とみなされていた。韓国も、軍事独裁政治の末期的な症状が顕在化しつつあった。

他方、日本の見習うべきモデルであった欧米は、インフレと景気停滞が重なるスタグフレーションの中で第一次オイルショック以来の低迷に喘《あえ》いでいた。

こうした東と西の混迷をよそに日本は、アジアに属しながらアジアのどの国よりも「近代化」し、「西側」＝「欧米」でないにもかかわらず、「欧米」と同じように、いや、それ以上に「近代化」を成し遂げた国とみなされるようになった。日本は、戦後世界の低迷にもかかわらず、「実現されたユートピア」として「扶桑《ふそう》の天下」を謳歌《おうか》しているように見えたのである。

それとともに、講座派マルクス主義やその影響を受けた戦後啓蒙主義のパラダイムが揺らぎ、「マルクス葬送」が膾炙《かいしゃ》するようになった。同時にポストモダンの思想や文芸、建築やデザイン、ライフスタイルが広がりを見せるようになる。

「マルクス葬送」は、同時にマルクスの好敵手とみなされた「ウェーバー葬送」を伴っていた。「マルクスかウェーバーか」、「マルクスとウェーバーか」、あるいは両者をめぐるアジア社会論や近代化論の対立や収斂《しゅうれん》といった知的・思想的な問題系は退潮し、もはや日本の実情を解明する知的な準拠点としての役割を終えてしまったように思われたのである。その空白を埋めるように学問的な知の領域やジャーナリズム、思想や文化の領域で氾濫するようになったのは、東（アジア）とも西（欧米）とも違う日本の「ユニーク」さをめぐる内外の言説だった。

日本は、アジアはもちろん、欧米ですらも見習うべきモデル（模範）とみなされるようになっていたのである。

こう見れば、七〇年代の掉尾《とうび》、内外で話題になった日本論としてアメリカのアジア研究者エズラ・ヴォーゲルの『ジャパン アズ ナンバーワン』と村上泰亮《むらかみやすすけ》・公文俊平《くもんしゅんぺい》・佐藤《さとう》誠三郎《せいざぶろう》の『文明としてのイエ社会』がほぼ同時期に出版されたのは、決して偶然ではない。特に後者の共同研究は、日本を未曽有の経済大国に押し上げ、「超安定」の政治システムを可能にしたユニークな集団形成原理として「イエ」および「イエ社会」を全面的に押し出し、アジアとつながる日本の後進性を反転させ、むしろ「イエ」原理の「先進性」を歴史社会学的に解明しているように見えた。

こうした日本の文化的優越性を唱える新保守主義的な言説が、ポストモダンのニューアカデミズムと奇妙な形で糾合し、さらに新自由主義的な思考と「癒合《ゆごう》」（日高勝之編著『1970年代文化論』）しながらマルクス／ウェーバー的な知のパラダイムを後景に押しやろうとしていた時代。それが七〇年代後半の日本の知的景観だった。その景観からはアジアは遠景に霞《かす》み、事実上の「脱亜入欧」と表裏の関係にあった「アジア主義」の幻影は、幻滅と無関心に変わりつつあった。中国の文化大革命は、スターリンのソビエトに勝るとも劣らないテロルと下剋上《げこくじょう》、そして反近代的なアジア的専制の現代版とみなされ、社会主義・中国では「実験」＝「革命」の「脱魔術化」が一挙に進んでいくことになった。

北朝鮮についても、後に八〇年代に『凍土の共和国』（金元祚《キムウオンヂヨ》）で告発されるミニ「収容所列島」的なネガティブ情報が外部に漏れ出しつつあった。また独裁政治への抵抗に対する「日韓連帯」が市民運動にまで広がりを見せながらも、韓国もまた依然として「近くて遠い国」に過ぎなかった。さらに七〇年代半ばには、ベトナム戦争は終結したとはいえ、当事国のベトナムでは荒廃と混乱からの復興はメドすら立っていなかった。

このように、近隣のアジア諸国や東南アジアを見渡しても、現実のアジアはかつての

「非同盟」「第三世界」の胎動に沸く地域ではなく、むしろ日本よりも遥《はる》かに「遅れ」、停滞や混乱に喘ぐアジア――福澤諭吉《ふくざわゆきち》の「脱亜論」以来のアジアが形を変えて蘇《よみがえ》っているように見えたのである。

しかし、実際には日本とアジアの経済的な関係は、日本の経済的な膨張とアジア進出という形で未曽有の拡大と深まりを示していた。それは、戦時期に日本が唱えた「大東亜共栄圏」が、敗戦を通じてむしろ「平和的に」実現されたと錯覚するほどの広域的な「円の経済圏」の成立を意味していた。

それでもアジアとは著しい非対称性をなす七〇年代の日本では、六〇年代的な「政治の季節」の残滓《ざんし》、戦後民主主義的な価値観、ポストモダン、新自由主義的なレトリック、新保守主義的な思考が「癒合」しながら、「Discover Japan」(「ディスカバー・ジャパン」、一九七〇年から始まる観光キャンペーン)の「日本回帰」が強まろうとしていたのである。

戦後民主主義、新左翼、ポストモダン、新自由主義、さらに新保守主義といった本来なら異質な思潮やイデオロギーが、相互に「癒合」しながら超安定的なシステムへと「無限抱擁」されていくプロセスは、今から振り返れば宇野弘蔵《うのこうぞう》派の経済学者、馬場宏二《ばばひろじ》が後に指摘しているように、七〇年代の日本が「過剰富裕化」社会に到達したことの反映だった。

　生活必需品の供給が「必要」を超える状態、それが「過剰富裕化」社会の特徴であるとすると、馬場によれば、ひとり当たりGNP（国民総生産）がドル換算で五〇〇〇ドル（八〇年代初頭のドル換算）に達し、自家用車が半数を超える世帯に普及し、エンゲル係数が三〇パーセントを切る水準の大衆消費社会が、「過剰富裕化」社会に他ならない（『宇野理論とアメリカ資本主義』）。七〇年代になってこの水準に日本も仲間入りしたのであり、だからこそ、異質な思想やイデオロギー、トレンドは相互に拮抗《きっこう》しつつ「癒合」し、社会の統合（安定）はより強化されていくことになった。

　異質な思想やトレンドが鬩《せめ》ぎ合う解放感を味わいながらも、目に見えない皮膜で世の中が覆われていくような息苦しさ。その奇妙な感覚をどこかで抱きつつ、私は「寺子屋」に足繁《あししげ》く通い、「ウェーバー研究」を中心に日本の、韓国・朝鮮の、そしてアジアの「近代性（modernity）」とその両義性について思索をめぐらし、行きつ戻りつ、試行錯誤を繰り返していた。

　ただ、新左翼のOBたちが発起人に名を連ねる「寺子屋」に対して、私は次第に強い違和感を抱くようになっていた。「赤色独裁」に反対し、同じように「白色独裁」にも反対し、同時に「民族自立経済」の確立をスローガンに掲げる韓国系の学生団体に身を置いた私には、彼らのマルクス主義あるいはネオ・マルクス主義的な言説が宙に浮いたような空疎なペダントリー（衒学趣味《げんがく》）のように感じられたのである。

しかも、あたかも忘れかけていた方言が無意識のうちに口をついて出るように、彼らの中から時に間欠泉のように吹き出す屈託のないナショナリズムを発見し、私の「寺子屋」への思い入れは急速に冷めていった。

さらに折原氏の緻密な原典講読は、「ウェーバー研究」の基本に立ち戻る貴重な機会を与えてくれたが、その文献学・考証学的な研究に偏った一方通行のレクチャーへの違和感も募り、やがて「寺子屋」から足が遠のき、再び私は恩師・藤原保信《ふじわらやすのぶ》先生のゼミや研究会に通うようになった。

藤原先生には、早稲田大学教授で長谷川如是閑《はせがわにょぜかん》らと雑誌「我等」を創刊し、吉野作造《よしのさくぞう》を中心とする「黎明会《れいめいかい》」にも参加し、無産政党・労働農民党の委員長も務め、戦時期アメリカに亡命、戦後は革新勢力の政治家としても活躍した大山郁夫《おおやまいくお》研究があるが、それ以外に日本やアジアについての本格的な研究はなかった。近代政治哲学の基礎を築いたトマス・ホッブズの手堅い研究や、ホッブズ的なリアリズムの政治思想を克服すべく、アリストテレス的な実践哲学やヘーゲルの政治哲学の復権に専念されたとはいえ、ウェーバーの論じ方については教科書的な域を出ていなかった。

こうした事情もあり、藤原先生は自身がサバティカル（研究休暇）で一年ほど滞在したことのある、ドイツ・ニュルンベルク近くのエアランゲン大学への短期遊学を勧めてくれたのである。

オーバードクターの宙ぶらりんなステイタスと「職業としての学問」への狭き門を痛感せざるを得なかった私は、それまでの苦境からの「エクソダス（脱出）」のつもりで、藤原先生の慫慂《しょうよう》に応じることにした。

ドイツへの「エクソダス」

一九七九年九月、私はドイツ留学へと旅立とうとした。

だが、日本出国時から早くも壁にぶつかることになった。当時、「在日韓国・朝鮮人」

は海外に出る場合、一年に一度、日本に「再入国」しないと二度と日本に帰れなくなる可能性があり、出国時には「再入国許可証」を取得する必要があった。留学の準備に忙殺され、そのことをすっかり忘れていたのだ。

それでも、留学証明書を提示したところ、それを基に関係機関との連絡を取ってくれた出入国管理官の配慮で、臨時の許可証を発行してもらい、出国ゲートをくぐることができた。

「日本に帰れないかもしれない」という不安は消えなかった。海外に出るだけで、こんなハンディを背負わなければならない我が身を憂う暇もなく、私は機中の人となった。

飛行機は当時のソ連邦のナショナルフラッグキャリア、アエロフロートだった。格安の運賃でドイツに行けることに加え、トランジット（乗り換え）でモスクワに立ち寄る点に惹《ひ》かれた。オリンピックを翌年（一九八〇年）に控え、鉄のカーテンに閉ざされていた超大国の首都に興味を持っていたからである。

当時、韓国とソ連邦との間に国交はなく、韓国政府が発行したパスポートを持つ私にはリスクを伴う選択ではあったが、それでもトランジットで空港内だけとはいえ、モスクワに降り立ったという実感を味わいたかったのだ。

ロシアと言えば、当時まで私はウェーバーの一連の「ロシア革命」に関する著作に本格的に取り組んだことは一度もなかった。私が辛うじて目を通していたのは、そのころ比較的容易に入手できた抄訳『ロシア革命論』（林道義訳、福村出版、一九六九年）くらいだった。

大西洋の向こう側のアメリカと、「中欧」の中心ドイツと陸続きのロシアは、リベラリズムと帝国主義の融合によってビスマルク以後のドイツの勢力圏拡大を願ったウェーバーには最大の脅威であると同時に、人類の運命を左右しかねない超大国とみなされていた。

アメリカについては、ウェーバーにはよく知られているように自らの「アメリカ体験」を滲《にじ》ませた「プロテスタンティズムの倫理と資本主義の精神」や「プロテスタンティズムの教派と資本主義の精神」がある。これに対してロシアについては、「ロシア体験」がないままで、「プロ倫理」や「プロ教派」に匹敵するような歴史社会学的な研究が残っているわけではない。

しかし、三ヶ月ほどでロシア語をマスターし、新聞などの資料や文献などを基に発表された、「血の日曜日」（一九〇五年）以後のロシア革命の変転に関するウェーバーの論文は、優れたロシア論として評判が高かった。だが、七〇年代の末ごろの日本ではまだ先の『ロシア革命論』が出ているくらいだった。今では、レーニンのロシア革命像をマルクスとウェーバーとの思想的な交錯で論じた研究を皮切りに、ウェーバーに関する政治思想史的な研究を遺《のこ》している雀部《ささべ》幸隆《ゆきたか》氏らの翻訳による『ロシア革命論』（Ⅰ・Ⅱ、名古屋大学出版会）を通じて、ウェーバーのロシア論の全貌に近いものを知ることができる。

私がモスクワ空港に降り立ったときからほぼ三ヶ月後、ソ連邦はアフガニスタンに侵攻し、それがソ連邦版ベトナム戦争となって消耗戦に陥る。これがソ連邦崩壊の一因となることを知るのは、それからほぼ一〇年後のことである。そして、モスクワ空港でのひと時からほぼ四〇年後、ロシアのウクライナ侵攻が世界を震撼《しんかん》させ、ロシアがアメリカとヨーロッパ、さらに「西側」からかつての「黄禍《こうか》（yellow peril）」と見紛《みまご》うような「野蛮な」国とみなされるようになるとは、当時は想像もできないことだった。

果たしてロシアは、ヨーロッパなのか、アジアなのか。ヨーロッパ的な文明の意匠をひと皮剝《む》けば、「タタール（韃靼《だったん》）」の地肌が見える「オリエント」なのかどうか。少なくとも、ウェーバーのロシア論を見る限り、そのスタンスは、アングロ・サクソン系のロシア像とはかなりの距離があるように思える。ロシアに対する強い脅威感と敵愾心《てきがいしん》にもかかわらず、ロシアは中欧と陸続きであり、ロシアの運命は、中欧も含めてヨーロッパの歴史に決定的な影響を与えるに違いないという、ある種の畏敬の念が消えてはいないからだ。

ツアーリ・ロシアにおける初期の革命では、ウェーバーは、ロシア革命が一見すると、「季節外れの」ブルジョワ革命の「後進国」的な再現に見えるかもしれないが、「われわれ（西欧）」には「食べ飽きた黒パン」のように陳腐な「自由」や「人権」をめぐるロシアの闘いは、「権利のための闘争」を断念して久しい西欧諸国に巨大なインパクトを与えるに違いないと語っていたのである。

このウェーバーの指摘を初めて読んだとき、私の中で軍事独裁政権下での韓国の「民主革命」の運動のことがスパークし、震えるような感動を覚えたことを記憶している。

さらに、ロシア経済史を学んでいた学生時代の無二の親友から、「ヴェラ・ザスーリチへの手紙」（一八八一年）などに見られるように、マルクスは一時期、ロシアのミール共同体が、私的所有に汚されていない、原スラブ的・血縁的・家父長的共同体の末裔《まつえい》であり、それが欧米的な資本主義化とは違う「非資本主義」的な近代への可能性を秘めていると考えていたという話を聞き、私は半ばロマン主義的な幻想をロシアに投影していた。

それは、親友も含めて、聞きかじりで生煮えの不正確な知識であったが、ロシアはどこかで私のロマンをかき立てずにはおかなかったのである。高校生のころ、ツルゲーネフやトルストイの著作を貪《むさぼ》り読み、ヨーロッパ的でありながら、どこかアジア的な香りのするロシアの思想や文芸に憧れにも近い感情を育んでいたことも、そうしたロマン的な心情の受け皿になっていた。

しかし、現実のロシアは違っていた。モスクワ空港内のロビーで数時間過ごしただけでも、ブレジネフ政権末期の淀《よど》んだ空気の中、制度疲労が露《あらわ》になりつつあることがわかった。

モスクワ空港のトイレに置かれていたトイレットペーパーは新聞紙のような粗末な灰色の紙で、国の玄関口とも呼ぶべき国際空港がこれでは、庶民の窮状はいかばかりかと、普通のロシア人の生活の困窮が容易に思い描かれた。

高級品を販売する外国人向けのショップでも、品物は雑貨店のようにぞんざいに並べられ、微睡《まどろ》んだような瞳とは不釣り合いな若い女性店員の作り笑いには、蓄積した疲労や鬱《うっ》屈《くっ》の影がちらついているようだった。「泥のように沈み込んでいく姿」、それがこの国の人々に対して私が抱いたイメージだった。

さらに空港内ではKGB（ソ連邦国家保安委員会）のエージェントとおぼしき男たちが目を光らせており、出国ゲートでのいかにも役所的でちぐはぐな手続きを終えてモスクワを飛び立った私は、社会主義の荒廃を目の当たりにした思いだった。

モスクワでは僅《わず》かな滞在時間だったが、それは七〇年代初めの最初の韓国訪問の記憶を蘇らせてくれた。暗く、みんなが押し黙っているような緊張感が漲《みなぎ》っていたからである。ただ、韓国とは違ってロシアにはもはや混沌《こんとん》とした「野性的な」エネルギーを感じることはなかった。

モスクワからドイツ・フランクフルトまで、短いような長いような時間だった。それは、ドイツとロシア（ソ連邦）との距離感を暗示しているかのようだった。

フランクフルトに到着したときには既に夜も更けていた。泊まる場所のあてもなく、差しあたり一晩の雨露をしのぐ場所を探そうと、とりあえず空港から市街地へ向かう地下鉄に乗ることにした。ホーム（グライス）で列車の到着を待ちわびていた私に声をかけてくれたのは、見知らぬ「日本人」男性だった。

その小柄な男性は「君、日本人だよね」と声をかけた後、私の返事も待たずに「僕はこれから日本に帰るんだ」とまくし立て、日本の有名企業からドイツのメーカーに出向していたことや、ドイツで「アジア人」ゆえのいわれのない差別も受けたことを一方的にしゃべりまくり、「それでもドイツでまともに扱われているのは、アジアでは日本ぐらいだ。そこにいくと中国や朝鮮なんかは……」と言い放ち、「あなたも日本人として、がんばってくださいよ」と告げると、足早に空港へと去っていったのである。

日本からの「エクソダス」の旅であったはずなのに、ドイツに着いて早々、離れようとした場所に強引に連れ戻されていくようで、虚脱感のようなものが、長旅で疲れた心身からさらに力を奪っていくようだった。このささやかなエピソードは、大袈裟《おおげさ》に言えば、一〇〇年近く続いた事実上の脱亜入欧の「現在」を象徴しているように思えたのである。

アジアに対する日本人の序列意識

「まともに扱われているのは、アジアでは日本ぐらいだ」という、日本をヒエラルキーの頂点に置いた序列意識は、先に述べたように、七〇年代にアジアで唯一、「過剰富裕化」

社会に到達した日本の「先進性」の反映でもあった。

ただ、そうした序列意識は、七〇年代に突如として形成されたわけではない。日本人が移民労働者として渡ったハワイや北南米大陸と違い、明治以降、ヨーロッパに赴いた日本人のかなりの部分は留学や政府による派遣、あるいはビジネス目的での渡航が主流であった。「選良」に近いクラスにあった彼らは、きっとイギリスやフランス、場合によってはドイツなどでヨーロッパ社会の底辺労働者として生きているインドや中国からの移民の姿を目の当たりにし、「貧しいアジア」を再確認したのではないだろうか。

リベラルなジャーナリスト・批評家として有名な長谷川如是閑は、「大阪朝日新聞」の特派員として一九一〇年（明治四三年）、シベリア鉄道経由でロンドンへ赴き、『倫敦《ロンドン》！倫敦？』という紀行文を書いている。

日本出発後、ウラジオストックに立ち寄った長谷川は、「支那人街」の様子を「汚ない平家の軍勢が倶利伽羅峠《くりからとうげ》に追い落されたという塩梅《あんばい》で鼻持のなった次第じゃない。もしアンナ奴《やつ》が一人でも東京か大阪の街に飛び込もうものなら一区を遮断して大清潔法を施行せねばなるまいと思われるような人間が肩摩轂撃《けんまこくげき》（筆者注：肩と肩がこすれ合い、車の車輪の軸同士がぶつかり合うほど混雑した様子）なのだから恐ろしい」と綴《つづ》り、「支那人」のように「蛆虫《うじむし》同然」に見られて「文明国」で金をもらうより、日本人は「劣等国」「未開国」に向かうべし、と論じている。「何という情《なさけ》ない支那人メラだろう、アア臭い」と、長谷川は鼻を覆いながら「支那人街」を歩いているのである。

長谷川の取材より一〇年前にロンドンに留学した夏目漱石《なつめそうせき》も、おそらく虫ケラのように扱われる貧しい中国人移民労働者を目にしたはずだ。漱石は日記に、「今日Camberwellを歩行《ある》いていたら二人の女が余を目して least poor Chinese といった」、つまり「シナ人にしては惨めったらしくない」と言われたと書き残している（一九〇一年四月六日）。

そうしたイギリス人の抱いている価値序列を鸚鵡《おうむがえ》返しのように繰り返す日本人は、漱石の周りにもたくさんいたに違いない。しかし、漱石は違っていた。

日本人を観《み》て支那人といわれると厭《いや》がるは如何《いかん》。支那人は日本人よりも遥かに名誉ある国民なり。ただ不幸にして目下不振の有様に沈倫《ちんりん》せるなり。心ある人は日本人と呼ばるるよりも支那人といわるるを名誉とすべきなり。仮令然《たといしか》らざるにもせよ日本は今までどれほど支那の厄介になりしか。少しは考えて見るがよかろう。西洋人はややともすると御世辞に支那人は嫌《きらい》だが日本人は好《すき》だという。これを聞き嬉《うれ》しがるは世話になった隣の悪口を面白いと思って自分方が景気がよいという御世辞を有難がる軽薄な根性なり。

（一九〇一年三月一五日）

「支那人」と間違われて嫌がる同胞をたしなめる言葉には、ロンドン滞在中、「むく犬」のように徘徊《はいかい》せざるを得なかった漱石のやるせない心情が滲み出ている。

一九七〇年代の終わりにドイツに留学した私も、やはりたびたび、中国人に間違えられることがあった。しかし、当時のヨーロッパでは香港《ホンコン》の武術家で、ハリウッドでも名の知れたアクション映画俳優のブルース・リーが大人気で、私は子どもたちにせがまれ、カンフーの真似事《まねごと》をして大いに喜ばれたものだ。

コロナ禍が招いた現代版「黄禍論」

ところが今では、「中国人」に間違われることは身の危険さえ伴うようになった。二〇二〇年にコロナ禍が世界を覆い、このウイルスが中国・武漢で最初に発生したことから、「中国人」への「憎しみ」が、それこそパンデミックのように世界に広がったからだ。「お前らがこの国にコロナを持ち込んだ」「国に帰れ」「猿」などと罵倒《ばとう》される、ときには死に至るような激しい暴行を加えられるなど、中国人、そして「中国人」に間違われたアジア系の人々はヘイトクライム（憎悪犯罪）の危険にさらされることになった。憎しみをもって暴力を振るう相手に対し、「自分は中国人ではない」と叫んでも意味をなさない。日本人であっても韓国人であってもベトナム人であっても、その黄色い肌と容貌は、相手の目には「中国人」と映っているのだ。

世界各地で巻き起こるチャイナ・ヘイトは、かつての「黄禍論」を彷彿《ほうふつ》とさせる。橋川《はしかわ》文三《ぶんぞう》『黄禍物語』（岩波現代文庫）によれば、西欧における「黄禍論」は一三世紀のモンゴルのヨーロッパ侵入、さらには紀元前四〜五世紀のフン族の侵攻などまでさかのぼるものであり、「さまざまな人間差別の心理的複合体のうち、もっともながい歴史をかけて作り出された厖大《ぼうだい》な『神話』」だという。特に近代に入ってからは、ドイツ皇帝ヴィルヘルム二世が黄色人種脅威論を唱えたり、アメリカでアジア系移民が排斥されたりするなど、

「アジアフォビア（アジア人嫌い）」とでも言うべき動きが広がった。

日清戦争に勝利して急速に近代化を進める日本に対する警戒心だけではなく、その日本が膨大な人口を擁する中国と結びついて西欧に対抗することになるのではないかという恐怖も盛んに語られた。蜂や蟻《あり》の群れにも喩《たと》えられたアジアの膨大な人口そのものが、ヨーロッパの人々にとって恐怖や不安のタネとなったのである。

第一次世界大戦後の一九一九年、敗戦国であるドイツとの講和条約を締結するために行われたパリ講和会議で、日本は国際連盟規約に人種差別撤廃を盛り込むように提案したが、議長の米・ウィルソン大統領に退けられている。「帝国」の仲間入りを果たしながら、欧米列強にとって日本はどこまでも「アジア」であることを突きつけられた出来事だった。

こうした黄禍論の背景には、黒人や黄色人種を「下等人種」とみなして「白色人種の優越」や白人と異人種間の「混血」禁止を主張する人種論の普及があった。西欧列強の植民地支配とともに、「ヨーロッパの慣習と風俗」を「文明化された状態」の基準にして、「野蛮」や「未開」の諸民族を人類の初期の段階として位置づける「人間の博物学」が広がっていったのである。そうした博物学的な知識の影響も受けながら、人種に基づく身体的な特徴が微細な研究によって得られた知見や人種間の能力、ひいては文明の違いと結びつけられたのである。

ルース・ベネディクトが『レースとレイシズム（Race and Racism）』の中で「Race（人種）という概念は否定できない、しかしRacism（人種主義）は科学的な概念ではなく政治の概念である。そして、政治家が最も活用したがる飛び道具である」と述べたように、人種論は人間を優劣によって分断するひとつのドグマ（教義）であり、その代表的論者であるヒューストン・S・チェンバレン（一八五五〜一九二七、ドイツの政治評論家）やジョゼフ・アルテュール・ド・ゴビノー（一八一六〜一八八二、フランスの外交官・思想家）の説は、第一次世界大戦から第二次世界大戦にかけて、ドイツ帝国のヴィルヘルム二世やナチスドイツなどに大いに利用された。

古代アーリア人の優秀性を唱えたゴビノーの『人種不平等論』は一八五三年に出版されているが、こうした白人優位説に対して明晰《めいせき》な反論を示したのが森鷗外《もりおうがい》だった。一九〇三年に行われた「人種哲学梗概」「黄禍論梗概」というふたつの講演の中で、鷗外はゴビノーに代表される人種論がヨーロッパで流行していることに対し、中国で栄えた文明などを例に挙げつつ、人種論の空想性と議論の粗雑さを冷静に指摘している。

しかし、ヨーロッパを席巻した属人的な人種概念は、日本の多くの知識人や外交官、政治家らエリートたちの中に抜き難いコンプレックスとして存在し続けていたように思える。たとえば、自然主義作家の正宗白鳥《まさむねはくちょう》は一九五九年に行った対談（「対談・わが同時代観」『近代日本思想史講座』月報2）で、海外旅行の体験を問われて、「日本の劣等扱いされることをしみじみ感ずる」「ぼくはからだも小さいし黄色人種だから外国の名士に会う気もない」などと、劣等感を露にしている。おそらく彼は、異国で身体《からだ》の大きな西洋人に囲まれ、彼我の形態的な外見の違いをまざまざと感じたのだろう。

同様の感覚は、「支那人」を擁護した漱石の中にもあった。彼のロンドン滞在中の日記には「往来のものいずれも外出行《よそゆき》の着物を着て得々たり。吾輩《わがはい》のセビロは少々色が変っている。外套《がいとう》は今時の仕立でない。顔は黄色い。脊は低い。数え来ると余り得意になれない」（一九〇一年四月五日）などと書かれている。

一九〇八年に新聞連載小説として書かれた『三四郎』にも、主人公の小川三四郎が九州の郷里を離れて上京する際、駅のホームで四、五人の「西洋人」を見かけ、そのうちのひとりの女性の美しさに見惚《みほ》れる場面がある。「こういう派手な奇麗な西洋人は珍らしいばかりではない。頗《すこぶ》る上等に見える」「これでは威張るのも尤《もつと》もだと思った。自分が西洋へ行って、こんな人の中に這入《はい》ったら定めし肩身の狭い事だろうとまで考えた」という三四郎の思いは、自ら「西洋」に身を置いた漱石の実感でもあっただろう。

こうしたコンプレックスの裏返しか、過去には「日本人種アーリア人種起源説」という荒唐無稽《こうとうむけい》な言説が登場している。その代表的な論者だった田口卯吉《たぐちうきち》は、日本人と中国人を人種的に区別しようと、語法や容貌骨格などの違いを挙げながら立証を試み、自らの「研究」の結果、「大和《やまと》民族は支那人と別種にして、印度《いんど》、ペルシア、グリーキ（筆者注：ギリシア）、ラテン等と同種なることを確信したる者なり」と断言しているのである。日本人を「人種的にもアジアから脱出」させようという言説は、田口ひとりのみならず、日清戦争、日露戦争を経て、政治家なども口にするようになっていった。

重層的なヨーロッパの人種差別

私が留学したエアランゲン大学は、ニュルンベルクから電車で二〇分ほどの長閑《のどか》な街の中にあった。ドイツにいた間、私自身は無視されることなどはあっても、ヘイトクライムのような人種差別的扱いを受けたことはない。街外れにある学生寮の自室や図書館でひたすらウェーバーの原典を読み込む日々の中では、そもそも人と接触する機会自体が極端に少なかったし、もしかしたら私の身長が現地の人々とあまり変わらない高さだったことも多少は関係していたかもしれない。

むしろ改めて感じたのは、同じヨーロッパ、同じアジアといっても、その中には限りないグラデーションや細かい分断があるということだった。ヨーロッパでは、冷戦下のイデオロギーがそのまま経済状況に反映され、「豊かな西側」と「貧しい東側」に大きく分かれていたが、その「貧しい東側」も一色ではなかった。「西側」から離れれば離れるほど「貧しさ」のイメージは濃くなり、それはやがてロシアへ、さらにはアジアにつながっていた。

一方、南欧は地中海を通じてトルコから西アジアへと接続されており、東欧・南欧系の人々がヨーロッパの先進国で二流市民のような扱いを受けている様は、まるでヨーロッパの中に「他者」としての「内なるアジア」が作られているかのようだった。

加えて、宗教による微細な違いもあった。外から見れば、ヨーロッパの国々は同じキリスト教文化圏のように思えても、ギリシア正教、カトリック、プロテスタント、イギリス国教会と、宗派によって互いが見えない壁のようなもので分け隔てられていた。そして、強制収容所の悲劇を経験してなお、ユダヤ人問題も厳然と存在していた。

私から見れば同じ「白人」なのに、そこには明らかな階層が存在していることもわかった。冷戦下で西と東に分断されていても、労働力不足に悩む西ドイツには少なからぬ数の東欧や南欧からの出稼ぎ労働者や留学生が住んでいた。ドイツ人が「あいつらはネコのように子どもを産む」と蔑《さげす》むとき、「あいつら」とは、特に南欧からのガストアルバイター(Gastarbeiter、ドイツ語で「出稼ぎ外国人労働者」)を指していた。

大学の図書館と学生寮の間を往復し、昼間はメンザ(学生食堂)で塩気の多い、安いことだけが取り柄の食事を摂《と》り、土日だけは寮の共同キッチンで自炊をする生活。その単調な生活に、ドイツの冬の厳しい寒さと侘《わび》しさが重なり、しまいに私は外に出ることすら億《おっ》劫《くう》になっていた。

電話帳のような厚さの本や活字の細かいウェーバーの原書に取り組む日々、私は一週間以上、誰とも口を利かないことも稀《まれ》ではなくなっていた。そうした中で、声をかけてくれるだけでなく、自分の作った手料理をしきりに勧めてくれたのは、同じフロアに住むインマヌエル・スタブロラキスという、ギリシア・クレタ島出身の医学生だった。

彼は私より五歳以上も年下なのに、トーマス・マンの名作『魔の山』の中で彷徨《ほうこう》する主人公のハンス・カストルプに壮大なヨーロッパのフマニスムス（人文主義）の思想と、その歴史を吹き込むイタリア人、セテムブリーニのミニチュア版のような人物だった。懐疑的な虚無主義とは無縁の、エピキュリアン（精神的快楽主義者）的な明朗さを持ちながら、私などは及びもつかない「教養人」で、しかも優秀な医学生であり、詩人だった。彼から横溢《おういつ》する地中海的な明るさに満ちた教養の深さと広がりは、私に安らぎのオアシスのようなひと時を提供してくれたのである。

ただ、そのノーブル（高貴）なほどの知的な香りとは裏腹に、彼の両親は、ミュンヘンのビール醸造大手・レーベンブロイの工場でビール瓶の洗浄に従事するガストアルバイターだった。両親が住むミュンヘンの集合住宅は、スラムのようなうらぶれた建物で、彼の佇《たたず》まいとの落差に戸惑いを覚えざるを得なかった。

しかし、インマヌエルにはドイツの中のディアスポラ（離散）的な少数者でありながら、「パトリオティズム（愛郷主義）」と連続する「祖国」があった。一方、私にとっての「パトリ」は九州の熊本であり、「祖国」は海の向こうにあった。

ふたりの懸隔《けんかく》を感じつつも、私は人の移動が洋の東西を問わず、また時代の違いを超えて、歴史を作り出してきたことに改めて思い当たったのである。そしていつの間にか、東西の、アジアとヨーロッパの違いを超えて、世界史の中の「在日韓国・朝鮮人」について考えてみたいと思うようになっていた。それは、きっとゲルツェンの『向こう岸から』の視点移動に通じる内側からの転換だった。

その後、ギリシアは一九八一年にＥＣ（欧州共同体、後のＥＵ〔欧州連合〕）の加盟国になり、今ではドイツ在住のギリシア人も選挙権を除けばドイツ国民とほぼ同じ扱いを受けているから、私が留学した一九七〇年代後半とはだいぶ事情が変わったのではないか。

だが、ドイツに住むトルコ系の人々に対する差別的な扱いは、当時と今とでどれだけ変化しただろうか。サッカーのドイツ代表としてワールドカップに三回出場したメスト・エジル選手が、「勝ったときには僕はドイツ人だし、負ければ移民ということになる」と、人種差別を理由に代表を引退すると二〇一八年に宣言したのは、象徴的な出来事と言えるかもしれない。トルコ系移民の三世としてドイツで生まれた彼は、レアル・マドリードやアーセナルといったヨーロッパの名門クラブチームでも活躍したスター選手である。しかし、反体制派弾圧などの強権的手法で欧米から厳しい批判を受けているトルコのエルドアン大統領と記念写真におさまったことが物議を醸し、それへの反発もあいまって、代表引退ということになった。

エジル選手をめぐる一連の出来事に、私は、留学していたときに出会ったトルコ系の学生の嘆きを思い出さずにはいられなかった。「われわれがどんなにドイツに近づいて、全身でドイツ化しようとしても、彼らは逃げていく」という彼の言葉は、私にとって身につまされるものでもあった。

アジアとヨーロッパの結節点に位置するトルコは、一九四九年に設立されたNATO(北大西洋条約機構)には一九五二年の段階で早々と加盟しながら、まだEUのメンバーにはなっていない。ヨーロッパにとって、トルコはかつてヨーロッパを睥睨《へいげい》しようとしたオスマン・トルコの末裔であり、自分たちに最も近いアジアでありながら、あくまでも異質な「他者」なのだろう。西ドイツとトルコの間には一九六一年に雇用双務協定が結ばれており、私の留学時でも既にドイツにいるトルコ系住民の数は少なくはなかったが、イスラーム教徒の彼らはヨーロッパ的な伝統とは異質で、ドイツ社会に馴染《なじ》まないとみなされていた。一方、東アジア系の移民に対しては戦前の「黄禍論」は鳴りを潜めており、一九七〇年代以降、適応能力に優れたモデル・マイノリティというイメージが作られ、その点においてトルコ系とは対照的であった。

イスラームとの出会い

私がドイツに留学していた一九七九年からその後の数年間は、「後期戦後」への大きな分水嶺《ぶんすいれい》だったと言えるだろう。ソ連邦のアフガニスタン侵攻、イラン革命、朴正熙《パクチョンヒ》韓国大統領暗殺、マーガレット・サッチャーの登場。中国では文化大革命で粛清されていた鄧小平が復活し、後に社会主義市場経済の大号令を発することになる。一九七九年、中国は社会主義を標榜《ひょうぼう》するベトナムに侵攻(中越戦争)し、社会主義イデオロギーによる国際的な連携を目指すのではなく、むしろナショナリズムが社会主義的な国際主義を上回っていたことが明らかになった。

一九八〇年にはポーランドで自主管理労働組合「連帯」が形成され、ソ連邦崩壊につながる「ソビエト帝国」の衛星国の離反の芽が生まれていた。

私に強いショックを与えた朴正熙大統領暗殺事件は、ドイツではほとんど話題に上ることはなかった。当時の韓国は、ヨーロッパにとっては遥か極東の小さな独裁国家に過ぎず、報道も小さな扱いだった。テレビのニュースで一報を知り、事実を確認しようと部屋を飛び出してなぜか駅近くの郵便局に向かって走り出した私は、こんな驚天動地の出来事が起きているというのに、のんびりと変わらぬ日常を繰り広げるドイツの「平和」がわけもなく腹立たしかった。

他方、韓国と並び称された「西」の「アメリカ型近代化」のモデルケースとされたイランで一九七九年に起こった革命がヨーロッパに与えた衝撃の大きさは、それとは比べものにならなかった。

「アッラーは偉大なり」と叫ぶ群衆たちのうねりはパーレビ王朝のモハンマド・レザー・シャーを海外逃亡に追いやった。亡命先のパリからアーヤトッラー・ルーホッラー・ホメイニが凱旋《がいせん》し、最高指導者となり、イスラーム革命の中から産声を上げたイラン・イスラーム共和国は、ヨーロッパでは得体の知れない恐怖の的となった。

ドイツの街中では、子どもたちが「アヤトラ・ホメイニ、アヤトラ・ホメイニ」と邪悪なサターンを囃《はや》し立てるかのように歌い、大学や公衆トイレでは「ペルシャの豚は出ていけ」といった罵詈雑言《ばりぞうごん》の落書きが目につくようになった。私が暮らしていた学生寮の職員が、「トイレの使い方がなっていない」などと、イランから来た留学生たちを口汚く罵《ののし》る場面も目にした。

当時、イスラームについてほとんど何も知らなかった私は、ヒステリックなほどのイランへの敵意や差別に驚きながらも、その根っこにあるものが何なのか、計りかねていた。「アメリカに死を！」と叫びながらアメリカ大使館を包囲するイラン人の姿は、ニコラス・レイによるハリウッド映画『北京の55日』（一九六三年製作）で狂信的な「野蛮人」として登場する義和団の群衆たちを思い起こさせた。ホメイニは、映画の中の魑魅魍魎《ちみもうりょう》のような西太后《せいたいこう》のイメージと似通った悪の化身のように見えたのである。

しかし、私がそうしたステレオタイプから脱するまでに、そう時間はかからなかった。

学生寮で起居を共にする者の中にイランからの留学生も何人かいて、私たちは片言のドイツ語でやりとりをするようになった。ドイツ社会に蔓延《まんえん》していたイラン革命への恐怖感にも動じることなく、堂々と自らの主張を述べる彼らは、「腹黒い下等なムスリム」でも「非理性的な身振りの群衆」でもなく、生き生きとした同世代の若者だった。シャー政権下の秘密警察・サーヴァークに母親を殺されたというイラン人学生は、シャーの後ろ盾だったアメリカを非難し、西側社会の道徳的退廃を叱責した。そんな彼の熱弁を聞きながら、私は朴正熙独裁政権での軍部の横暴やＫＣＩＡ（韓国中央情報局。反政府運動の取り締まりも管轄し、国民生活を抑圧した）の暗躍を思い出さずにはいられなかった。

シャーのイランが西アジアにおけるアメリカ衛星国家のモデルケースだとすれば、東アジアのそれは韓国だった。期せずして、東西アジアの「アメリカ・モデル」がほぼ同時期に潰《つい》えたのは、果たして偶然だったのだろうか。

その後、韓国では権力の空白を埋めた一部の軍人たちによって非常戒厳令が敷かれ、金《キム》大中《デジュン》氏ら有力政治家の拘禁、国家権力による無差別の市民虐殺へとエスカレートし、光《クアン》州《ジュ》事件（一九八〇年五月に光州市の民主化運動を軍が弾圧した事件）の悲劇が起こることになる。

イラン革命一周年を祝う学生集会に出席した私は、革命の発端から勝利に至るまでの経過を記録したドキュメンタリーを観たが、鎮圧部隊と秘密警察によって弾圧された人々の悲惨さは、正視に耐えず、何度も目を背けざるを得なかった。

革命成就後、イランは、サダム・フセインが権力を掌握したイラクとの戦争に突入し、宗教的権威主義による恐怖政治が敷かれていくことになる。

奇《く》しくも、エドワード・サイードの『オリエンタリズム』が世に出たのは、イラン革命の前年（一九七八年）だった。同書でサイードは、アラブは西側のニュースや映画・映像の中で人格も個性も剝ぎ取られ、ただ怒りやエクスタシー、奇矯な身振りの群衆として描かれるだけだと述べている。イランはアラブではないものの、ドイツのメディアが報じたイラン革命の姿は、サイードが指摘した通りだった。

イラン革命をきっかけにイスラームに「覚醒」した私は、日本に帰国後、『オリエンタリズム』を手に取ってみた。サイードがパレスチナ生まれの、アメリカの大学で教鞭《きょうべん》をとる知識人であることはわかった。しかし同書で取り上げている多様なジャンルのテキストと、膨大な人名を追うだけで精一杯だった。また、「オリエンタリズムの本質を見極める上で有効」な方法的概念としてのミシェル・フーコーの言説についても、私の理解は生半可であった。

その後、『オリエンタリズム』は一九八六年に日本語版が出版され、優れた訳者注と懇切丁寧なあとがきは、初めて読んだときの疑問をひとつひとつ氷解させ、大きな知的衝撃を与えてくれた。サイードは、マルクスやウェーバーだけでなく、ヨーロッパのさまざまな分野の名だたる作家や研究者、思想家、哲学者の言説を「支配する知」として容赦なく批判しており、その明快な論旨には溜飲《りゅういん》が下がる思いさえ感じた。

サイードは、帝国主義と植民地主義は資本蓄積や資源・領土の奪取を成し遂げただけにとどまらず、ある意味ではそれ以上に巨大な力の源泉となった文化的ヘゲモニーを作り出したと強調する。「他者」をめぐる近代的＝西洋の知と権力の問題を提起するサイードに触発された私は、やがてアジアの一部でありながらアジアから距離を置き（脱亜入欧）、「東洋学（oriental studies）」という知の形態を通じて西欧のオリエント学と肩を並べようとした、「日本のアジア」というスタンスに透けて見える「日本的オリエンタリズム」について考えるようになった。

「我々は異文化をいかにして表象することができるのか。異文化とは何なのか」というサイードの問いは、無数の「内なる他者」と出会ったドイツ留学中の私の中で、既に深く共鳴していたと言えるだろう。

アジアを見るときの四つの論点

サイードと並んで、私のアジア観を一新させたのは、アメリカの社会学者・歴史学者のイマニュエル・ウォーラーステインである。彼が唱えた「近代世界システム論」は、私から「大塚史学」の軛《くびき》を外し、歴史を俯瞰《ふかん》する視座を与えてくれた。

「近代世界システム」とは、「長い一六世紀（一四五〇年ごろから一六四〇年ごろまでの近代の揺籃《ようらん》期）」に西ヨーロッパで生まれ、その後全世界に広がっていった「世界経済（システムとしての資本主義）」を意味する。ウォーラーステインの「近代世界システム論」は、それまで社会科学の領域で行われてきたさまざまな議論のエッセンスを吸収して作り上げられたものだが、その中でもアジアを見るときの非常に重要な論点として、次の四つが挙げられる。

ひとつは、第一章でも紹介した「従属理論」である。世界システムとしての資本主義の中で、欧米の先進国と発展途上国との間に支配と従属の構造が成り立っているという「中核—周辺」理論に関する著作は、一九七〇年代の終わりごろから日本語にも翻訳され、私も研究者仲間たちとの勉強会などで何冊か目を通していた。

アジェンデ政権下のチリを拠点に従属理論を研究していた経済学者アンドレ・グンダー・フランクの「低開発の発展（development of underdevelopment）」というテーゼ、つまり途上国は欧米諸国との従属構造から半永久的に抜け出せないという主張は、われわれがアジアを見るときのひとつのキーワードになった。

フランクの『世界資本主義とラテンアメリカ——ルンペン・ブルジョワジーとルンペン的発展』（西川潤訳、岩波書店）を読んだときには、「ルンペン的発展」は、世界システムの「半周辺」とされた当時の韓国のような国にぴったりの表現だと思った。

ウォーラーステインはフランクと共同研究を行うなど、彼から強い影響を受けている。ただし、フランクは一九九八年に出版した『リオリエント』（山下範久訳、藤原書店）で、「ウォーラーステインの『近代』五〇〇年世界システムを規定する諸特徴と同じ特徴が、少なくとも五〇〇〇年遡《さかのぼ》って同じシステムの中に見出《みいだ》しうる」と述べ、その中心は中国であったと主張している。さらに、近世までヨーロッパ以上に繁栄していたアジアが二一世紀に復権すると述べて、ウォーラーステインと論争を繰り広げた。

フランクと並ぶ従属理論のもうひとりの代表的論者は、サミール・アミンである。エジプト出身でフランスに学んだアミンの「不等価交換」という議論は、『不等価交換と価値法則』（花崎皋平《はなざきこうへい》訳、亜紀書房）などで展開されている。ウォーラーステインはこうした従属理論を概念装置としてうまく取り込んでいたのである。

ふたつめの要素は、マルクスが『資本主義的生産に先行する諸形態』で述べた、いわゆる「アジア的生産様式」についての論争である。第一章で述べたように、大塚久雄はこれをアジア的血縁関係が構成する社会である原始的共同体を中心とする土地の所有形態と解釈し、「アジア的共同体」という概念へと発展させた。しかし、ウォーラーステインはマルクスの史観を直線的発展史観として批判している。

三つめは、資本主義の起源をめぐる移行論争である。封建制《ほうけんせい》から資本主義へという流れは、マルクス主義もウェーバーリアンも重視した資本主義移行の「内的要因」＝「生産関係」の変化だが、なぜそうした移行が可能だったのかということは明らかになっていない。そのため、資本主義の本質を理解するには、その起源を理解することが重要だという議論が起こった。

有名なものでは、一九四〇年代のモーリス・ドッブとポール・スウィージーというマルクス経済学者同士の論争がある。内因説の立場に立つドッブに対し、スウィージーはベルギーの歴史学者で「アナール派史学」（民衆史などを重視した現代フランスの歴史学の潮流）にも影響を与えたアンリ・ピレンヌが唱えていた「ピレンヌ・テーゼ」を支持した。

ピレンヌはヨーロッパ中世の始まりをイスラーム勢力が地中海を制覇した八世紀以降に求め、中世から近世にかけて地中海世界からヨーロッパ内陸部、そしてイギリスへと経済システムの中心が移っていったと論じたが、こうした視点はウォーラーステインにも共通するものである。

そして四つめとして、「アナール派史学」の特徴である「全体史観（ホーリズム、holism）」が挙げられる。歴史を個々の国や人物ではなくシステムという「全体」として捉え、数百年単位の構造的な時間でその変化を描く「全体史観」は、たとえばフェルナン・ブローデルの大著『地中海』などに表れている。ブローデルから深く学んだウォーラーステインは、「全体史観」の視点と、長期持続（ロング・デュレ）の「構造的時間」と好況・不況を繰り返す資本主義の「循環的時間」に関する考察を「近代世界システム論」で展開している。

ウォーラーステインによる「解毒」

先に述べたように、サイードと並んで私のアジア観を一新させたのは、ウォーラーステインである。ウォーラーステインの「近代世界システム論」の基本的な視角は、ある地域が「遅れている」、あるいは「進んでいる」かどうかにあるのではなく、民族や宗教、エスニシティの問題を、世界システムの客観的な構造とプロセスの中で取り上げ、それらの歴史的意味を相対化し、全体的な連関の中に位置づけ直すことにあった。

その文脈で「アジア」を考えるときにまず注目すべきは、「中核」「周辺」の概念だろう。一六世紀に「ヨーロッパ世界経済」として成立した資本主義世界経済は、異なる種類の歴史的社会システムを排除・駆逐し、世界にただひとつの不均衡な社会的分業のみが支配する、歴史的に類のないシステムを作り出した。

ローマ帝国をはじめとする古代の諸帝国や中国の歴代王朝など歴史上無数に存在した「帝国」では、システム全体を支配するひとつの政治機構（「家産官僚制国家」）が成立したのに対し、「近代世界システム」の政治構造は、複数の主権国家から成る「インターステイト・システム（国家間システム）」で成り立っている。

ただし、諸国家は対等な関係にあるのではなく、「中核―周辺」の不均等な構造をなし、その「中核」は世界経済の先進地域、つまり欧米であった。「中核」の西ヨーロッパやアメリカが経済発展していく過程で、ラテンアメリカとともに最初に「周辺」として組み込まれ、食糧や資材を賄うモノカルチャー型の農奴制（「再版農奴制」）を押しつけられたのは、東ヨーロッパだった。

私は以前、ウェーバーの初期の研究（『東エルベ・ドイツにおける農業労働者の状態』）を読んだとき、東ヨーロッパは西ヨーロッパより農奴制が色濃く、西ヨーロッパに固有な封建制的形態を取っていないという報告に、その理由がどこにあるのか知りたいと考えていたが、ウォーラーステインによればまさに「近代世界システム」がそうした状況を作り出していたということになる。ドイツ留学時に私が不思議に思った、同じ「ヨーロッパ」でありながら西ヨーロッパで東欧系が一段下に見られることの背景は、「中核」「周辺」の関係性にあったと言えるだろう。

「中核」と「周辺」は常に相関関係をなしている一対の概念であり、「中核」が「中核」であるためには「周辺」が必要とされる。インド、オスマン・トルコ、イラン、ロシアといった、それまで「近代世界システム」の外側で独自の経済世界を有していた「帝国」も、一九世紀半ば以降、「中核―周辺」の構造に組み込まれていく。この考え方に沿えば、「大塚史学」やそのコロラリー（系）の近代化論によって、「内的要因」に基づくとされていた「アジア」の後進性は、「近代世界システム」を成り立たせるために、むしろ他律的につくられてきたということになる。

「近代世界システム論」から見れば、イギリスがプロテスタンティズムの禁欲的エートスによる労働倫理に駆動された「中産的生産者層」を通じて、「封建制」から「順調に」「資本主義」へと移行していくプロセスと、「周辺」に組み込まれたアジア（特にイギリスの植民地となったインド）が経済的分業体制の中で「前近代的」と思える生産様式に釘付《くぎ》けにされるプロセスとは、表裏をなしていたことになる。

一九九〇年代の初め、私は大学院生たちとのゼミでウォーラーステインの"Unthinking Social Science"（『脱＝社会科学』）の原書講読を行った。同書でウォーラーステインは、一九世紀に成立した一連の社会科学、すなわち歴史学、人類学、東洋学、政治学、経済学、社会学という六つの学問分野が、「発展」を中心概念とする知の構造をなし、それら自体が「近代世界システム」の構成要素であると指摘している。

近代の外部を認識対象とする文化人類学と東洋学は、明らかに「近代世界システム」の分断状況を知のレベルで反映しているのであり、ウォーラーステインは、そうした知の分断（分業）を超えて、単一の「世界システム分析」を構築すべきであると唱えている。

私には目から鱗《うろこ》が落ちるような指摘だった。「アジア的停滞」という観念も、極論すれば、そうした近代社会科学によって創られたイデオロギーに過ぎないということになる。「文明が野蛮を作り出した」というウォーラーステインの言葉は、西洋とアジアを分ける二分法（dichotomy）を、認識論のレベルから脱構築する手がかりを与えてくれた。ウォーラーステインの指摘は、まるで、長年私を煩悶《はんもん》させてきたものから「毒素」を取り除いてくれるかのように知的な爽快さを吹き込んでくれたのである。

サイードとウォーラーステインの問題意識

ウォーラーステインが提示する「近代世界システム」は、外部を絶えず「内部化」していくとともに、不均衡な階層構造の中に包摂していくシステムである。「支配というものは、単なる契約とは違い、文化的対等性の感覚を許容しえない」（『ヨーロッパ的普遍主義』山下範久訳、明石書店）とされる以上、その包摂の過程では、支配する側（「西洋」）の文化的優位性が展開されていくことになる。ウォーラーステインの「近代世界システム」と、「内なる他者」を問うサイードの「オリエンタリズム」を接合すれば、「大塚史学」が提示してきた「進んだ西洋」と「遅れたアジア」という視座からの転換が可能になるのではないかという実感が私の中で膨らんでいった。

実際、ウォーラーステインは著作の中でサイードについて論じ、サイードが批判的知識人であるのみならず、一九六八年（ウォーラーステインはこの年に起こった数々の反体制運動を「近代世界システム」を揺るがす「反システム的運動」の巨大なうねりであると位置づけている）から現れてきた多数の社会運動に携わる人々、そして「われわれを取り囲み、われわれみながその内部におかれている知的および社会的諸制度のなかの善良なひとびと全般」(同前)に向けて、「オリエンタリズム」の問題点を提起したと評価している。そして、サイードとともに、「西洋」と「オリエント」の「二項対立」、特に普遍主義(それは、支配するものの側の諸要素に具現化されていると主張される)と個別主義(それは、ことごとく支配されているものの側に帰属せしめられる)の間の二項対立を批判し、それを「実体化」した「近代世界システム」を、始まりがあれば終わりがある「史的システム」として捉える視点を強調している。

「近代世界システム」において「普遍」はヨーロッパの側にあり、「個別」は「オリエント」ないしはアジアの側にあるとされるのは、言うまでもない。

ただ、注目したいのは、ウォーラーステインが、サイード自身もそうした二項対立から逃れられなかったのではないかと指摘していることである。それは、私の中にも芽生えていた疑問であった。一時期、私は自分でも呆《あき》れるほどサイードに傾倒し、『オリエンタリズム』はウェーバーに代わる私の「カノン(教理典範)」になったが、時を経て何度か読み直すうちに、サイードの「オリエンタリズム」批判の準拠点が気になり始めた。

「使い捨ての民、従属民、古典的な帝国主義のいう劣等人種とみなされてきた」パレスチナ人でありつつ、サイードは富裕層の子弟として西洋的エリート英才教育を受け、ハーバード大学で修士号・博士号を取得し、アメリカの名門大学で英文学を教える教授職に就いた経歴を持つ。彼は、欧米的な知のエッセンスを血肉化した人物でもあった。

おそらく、サイード本人もそのことを自覚していただろう。『オリエンタリズム』の続編ともいうべき『文化と帝国主義』(Culture and Imperialism, 1993. 大橋洋一訳、みすず書房)で、サイードは帝国と植民地、あるいはヨーロッパと非ヨーロッパの対立と同時に「重なり合うコンセンサス(overlapping consensus)」を強調している。『オリエンタリズム』では、いわば一方通行の「見る/見られる」まなざしが論じられたのに対し、『文化と帝国主義』では、たとえば植民地で実験的に行われた試みが宗主国に還流し、その社会をドラスティックに変えていくといった双方向的な関係を、個々のケースに即して分析している。

そういった関係性の中で、非敵対的な関係というものを二項対立あるいは文化本質・存在論的な対立へと実体化しない道筋を見つけ出すことができたら、そのときに「オリエンタリズム」とも、その反転像としての「オクシデンタリズム」とも違う新たな知の地平が見えてくるかもしれない。次第に私はそのように考えるようになったのである。

「普遍」をめぐる対立

サイードが「オクシデンタリズム」と呼ぶものを、ウォーラーステインは「反ヨーロッパ中心主義的ヨーロッパ中心主義」、つまり「ヨーロッパ人によって近代世界に押しつけられた知的枠組みの設定を完全に受け入れてしまっており、認識論的諸問題を、全体としてふたたび開くということをしていない」「二項対立」だと批判している。

サイードとウォーラーステインがともに厳しく論難した「普遍と特殊」の「二項対立」の問題は、今日の世界情勢を考えれば、ますます重要性を増していると言えるだろう。

第一章の終わりでも述べたように、経済的にも政治的にも「超大国」として台頭する中国、そしてウクライナ侵攻によって国際秩序を揺るがすロシアを、「デモクラシー（民主主義）対オートクラシー（専制主義）」という図式に当てはめる議論が盛んに行われているが、これは、「進んだ西洋」と「遅れたアジア」という二項対立の変形と言えないか。

そこにおいて到達すべき「基準」とされているのは、今日われわれが「普遍的」と考えているヨーロッパ的なもの（ウォーラーステインはこれを「ジオカルチャー」と表現している）、具体的には、フランス革命によって作られた人権、市民権、民主主義に他ならない。一方、そうした「普遍」に挑戦するかのような中国やロシアの側も、「二項対立」の罠《わな》にはまり、不毛な対立をむざむざ激化させている。

しかし、「近代世界システムの歴史の大半において優勢であり、われわれの認識枠組みの深層に二項対立のかたちで定着し、支配的な思考様式の政治的・知的正当化として利用されてきた」（『ヨーロッパ的普遍主義』）普遍主義は、一九六八年に沸き起こった学生などによる反体制運動を分岐点に揺るがされ、「真の不確実性」の時代が始まったというのが、ウォーラーステインの見立てである。

折しも、現代はウォーラーステインの言う「ヘゲモニー」の転換期にあたっている。一七世紀半ばのオランダ、一九世紀中葉のイギリス、そして第二次世界大戦後からベトナム戦争までのアメリカと、ヘゲモニー国家は大きな歴史の周期とも呼べる隆盛と衰退を繰り返してきた。「近代世界システム」を支える主要なイデオロギーである自由主義（リベラリズム）の退潮と、リベラリズムを体現してきたヘゲモニー国家アメリカの衰退が重なる中、台頭しているのは中国だけではない。かつては「周辺」とされてきた国々の勃興も著しく、今やアジアには「劣った、野蛮なアジア」だけでは捉えきれないグラデーションが存在する。

中国、インド、インドネシア、シンガポール、韓国、トルコといったアジアの国々が経済的には「西洋」の立ち位置に近づき、「なぜアジアの中で日本だけが近代化に成功したのか」という問いも聞かれなくなった。そのように西洋的な「ヘゲモニー」が多様化している中、「近代世界システム」を動かす変数も増え、世界が流動化している状況をわれわれは目の当たりにしている。

「西洋対アジアとイスラーム」といった「文明の衝突」の構図が現実味を増しているかのようにも思えるが、そうした「二項対立」を超えていくためには、「ジオカルチャー」に代わるもの、ウォーラーステインが抑制的に語る「グローバルな普遍的価値」について検討することが重要である。

グローバルな普遍的価値などありえないというわけではない。むしろ、われわれはなにがそういった価値であるのかを、まだまったく知らないということである。グローバルな普遍的価値は、われわれにとって所与ではない。それはわれわれが創造すべきものである。そのような価値を創造する人間の事業は、人類の偉大な道徳的事業となる。しかし、それが達成される希望は、強者のイデオロギー的パースペクティヴをのりこえて、真に共通の（したがってよりグローバルに近い）善の認識に向かうことが可能になってはじめて、現れるものである。だが、そのようなグローバルな認識には、具体的な基盤、すなわちわれわれがこれまでに築いてきたよりもはるかに平等主義的な組織が必要である。

（『ヨーロッパ的普遍主義』）

ウォーラーステインのこの指摘には、ポストモダンが否定した「大きな物語（グランドナラティヴ）」の意義が強調されている。「実体を欠いた知的ゲームだけにのめりこみ、大きな物語を放棄」したポストモダンに対する批判的立ち位置は、サイードにも共通するものであった。

今のところ、アメリカの次のヘゲモニーを狙う中国の「デジタル・オートクラシー」から「グローバルな普遍的価値」が生まれてくるようには見えない。「われわれが創造すべき」新たな価値とはどのようなものなのか、そしてそのような価値が果たしてアジアから生まれる可能性があるのかどうか、そのことは第四章で改めて考えてみることにしたい。

「アジア的なるもの」とナショナリズム

ウォーラーステインが提示した「近代世界システム」の壮大な視座に目が開かれる思いを抱きながらも、私には彼が十分に語りきれていないことがあるような気がしてならなかった。「近代世界システム」という伽藍《がらん》の中の仕組みについて、ウォーラーステインはさまざまなアクターを配してはいるが、たとえば、国民国家やナショナリズムや民族主義については、副次的な変数として扱われているように思えてならない。

一九世紀半ばの「西力東漸（ウエスタン・インパクト）」以来の帝国主義に、アジアはナショナリズム、具体的には植民地化に抵抗する民族解放運動や独立運動によって立ち向かおうとした。ベネディクト・アンダーソンは東南アジアの研究を通じてその「想像の共同体（imagined community）」の成立を鮮やかに浮かび上がらせたが、ナショナリズムのプロトタイプが形成されたのは、欧米においてであり、帝国主義とともに、「モジュール化」されたナショナリズムは全世界に広がっていくこととなった。

先鞭をつけたのは、フランス革命とナポレオンの侵攻に対するドイツの抵抗であり、ドイツ観念論の代表者、ヨハン・ゴットリープ・フィヒテの講演「ドイツ国民に告ぐ」（一八〇七～一八〇八年）はその典型的なアジテーションと言えるだろう。ナショナリズムはバルカン半島を導火線に、やがて第一次世界大戦勃発の契機にもなったが、戦後はウィルソン主義を通じて、東ヨーロッパにおける民族独立・国民国家の形成が行われていく。そうした潮流はアジアにも拡大し、その共鳴板は朝鮮半島の「三・一独立運動」、中国の「五・四運動」を生み出した。

一方、ナショナリズムを通じて「西力」に対抗する思想や運動は、裏を返せば「反ヨーロッパ主義的ヨーロッパ主義」の表れであり、「西力」の呪縛へのとらわれとも言える。アーネスト・ゲルナーが明らかにしているように、ナショナリズムは文化的な共同性と政治的な一体感を一致させようとする運動であり、常に新たな境界を作り出し、排除される少数者を生み出していく。さまざまな民族や宗教・宗派が複雑に織り成されるアジアにおいて、ナショナリズムは紛争や対立を引き起こす要因にもなっている。これは、「普遍」と異なるものとして植民地の宗教や民族、エスニシティや言語の差異を暴力的に抑圧し、隠蔽していった帝国主義の「模倣」に他ならない。

アジアと冷戦の二〇世紀

数百年単位で近代資本主義の変容を論じるウォーラーステインら世界システム論者の議論からは、なぜ今「近代世界システム」が根底から変わろうとしているのか、その十分な根拠が明らかにされているとは言い難い。

この章の中で何度か触れてきたように、そうした変革の大きな分岐として、ウォーラーステインは一九六八年に重きを置くが、当時大学生になるかならないかだった私の感覚では、あのころの若者たちの「反システム的運動」にそれほどの意義を見出《みいだ》すことに、どうしても違和感が拭えない。

確かにあの時代、資本主義的なものに対する強力な批判が湧き上がったのだとしても、若者たちの「反乱の季節」は、「近代世界システム」に大きな危機をもたらしたというより、むしろ高度成長期の資本の余剰があったがゆえに可能だったラディカルな活動だったのではないだろうか。歴史的な変化として大きな意味を持つ年ということであれば、私はむしろ、一九七九年を挙げたいと思う。この年を分岐点として「前期戦後」と「後期戦後」が分かたれ、後者はやがて冷戦の終結とグローバル化、そして世界システムとしての資本主義の分極化と危機の深まりへと向かっていくことになると言える。

ウォーラーステインがほとんど議論しなかったことのひとつに、冷戦が挙げられる。ウォーラーステインは冷戦時代の旧ソ連邦圏を資本主義の「外部」のシステムではなく、「近代世界システム」の中の「準周辺（「中核」と「周辺」の間に位置づけられる）」とみなした。つまり、イデオロギー的には激しくアメリカと対立したソ連邦は、「近代世界システム」においては、あくまでアメリカのヘゲモニーの下にあったということである。しかし、こうした見方は、冷戦というものをあまりに過小評価しているのではないだろうか。いわば冷戦期は人類史上初めて、資本主義と共産主義という二大勢力に世界が分類された時代だった。このふたつの勢力が鬩ぎ合う主要な場所として、ヨーロッパとともに政治的意図による資本蓄積が集中したのがアジアである。直接アメリカとソ連邦が干戈《かんか》を交えなかったがゆえに、アジアはしばしば局地的な戦争や内戦の舞台となった。そしてそうした分断・対立の結節点にある朝鮮半島の韓国が、「周辺」から「準周辺」へ、さらに「中核」に近い位置に上昇できたのも、冷戦の影響なしには考えられないのではないか。

アジアにとっての二〇世紀を語るとき、冷戦とは何だったのかということは、やはり大きなテーマと言えるだろう。思えば私が留学したドイツも当時、東西対立が暗い影を落とす分断国家だったが、そのころの私はヨーロッパの「最前線」であるベルリンの壁を見たいと思っても、それが叶《かな》わない立場にあった。ベルリンがある旧東ドイツ（ドイツ民主共和国）には、国交のない韓国の旅券では入国できなかったのだ。同じ「反共」のパスポートの持ち主ということで私を「兄弟」と呼んでいた台湾からの留学生も、大学が企画したベルリン・ツアーに参加する道を閉ざされていた。私たちは、自ら選んだわけではない国籍を理由に、冷戦の厳然たる現実に直面せざるを得なかったのである。

そんな私たちに「なぜ君たちは行かないの？」と不審げな視線を向けたのが、日本人留学生たちだった。北朝鮮以外、世界中ほとんどどこの国にも通用する「世界最高のパスポート」を持てる国民、それが日本人だった。そのことが、冷戦の中でどれほどの「特権」であるのか、日本の留学生たちにはあまりにも当たり前すぎて、皆目、見当もつかなかったのである。

「帝国」の末裔は、自由に世界を行き来し、それに支配された「植民地」の末裔は、移動できない不自由さに甘んじなければならない。「ポストコロニアル」を生きるとはこんなことなのか。ため息が出る思いだったが、それから一〇年後、ベルリンの壁は崩壊し、私はようやくベルリンの地を踏むことができた。壁が崩壊してみれば、国境線など蜃気楼《しんきろう》のような実体のないものだということがわかり、拍子抜けの感がしなくはなかった。今や、壁の一部は、お土産の類いとして売られていたのである。「あっけない」。これが率直な感想だった。

他方で、日本で国民的な話題となっていたのは、冷戦の終わりよりもベルリンの壁崩壊の年と重なった「昭和の終わり」の方だった。一九八九年の一月に昭和天皇の死をめぐって日本全体が喪に服す巨大な哀悼の共同体となったとき、そこに居場所を見つけられなかった私は、自分が生まれ育った日本という社会について、改めて見つめ直す必要に迫られた。空前の豊かさを言祝《ことほ》いだ「戦後の昭和」の野辺《のべ》送りは、私に大きな時代の始まりと終わりを予感させた。

第三章　地域主義と「東北アジア共同の家」

「戦火のアジア」八〇年

「冷戦」は世界をイデオロギーで二分した「冷たい戦争」だったが、その間、アジアでは実際の武力衝突、つまり「熱戦（Hot War）」が繰り広げられていた。そうした「熱戦」のひとつが朝鮮戦争である。

朝鮮戦争勃発の年に生まれた私は、この戦争がもたらした惨禍を忘れることなく生きてきた。一九五三年七月二七日に板門店《パンムンジョム》で休戦協定が成立してから、七〇年に及ぶ「撃ち方止《や》め」の状態が続いており、その克服は私の人生にとって最大のテーマでもある。

日本と北朝鮮の間で、隣国でありながら国交すら存在しないという異常な状態。その異常が異常とも思われず、あたかもありふれた事実になりつつあるのだ。そうした事態は、何を意味しているのか。

冷戦を熱戦という熾烈《しれつ》な戦火として経験した東アジアでは、二一世紀になっても冷戦が続き、そして日朝の間で過去の清算が未決のままである以上、帝国主義と植民地支配の二〇世紀も終わっていないということにならないか。

しかも東アジアでは、帝国主義と植民地、イデオロギー対立と「熱戦」、そして「冷戦」という過去の歴史の成層が残存したまま、今また世界的規模の覇権争奪の焦点に浮上しつつある。それは、あたかも重なり合ったプレート間の衝突と歪《ゆが》みで巨大地震に見舞われかねない日本列島のリスクのように、いつ巨大な戦火となって東アジアを舐《な》め尽くさないとも限らないのだ。

東アジアにおける国際的な軋轢《あつれき》や対立を武力によって清算しようとすれば、三つの核超大国（米中露）と核小国（北朝鮮）、さらに世界有数の通常兵力を有するふたつの中規模国家（日韓）を巻き込んだ、欧州での戦火を上回る世界戦争になるかもしれない。

なぜ、東アジアは、潜在的に「世界の火薬庫」であり続けるのか。それは、この地域が戦争にまみれた歴史を歩み、今もその歴史が清算されるどころか、米中対立の「主戦場」となりつつあるからだ。

朝鮮史・ロシア史の碩学《せきがく》、和田春樹《わだはるき》氏が「八〇年戦争」と呼ぶように、近現代のアジアは世界のどの地域よりも多くの戦争が集約された場所であった。この「八〇年戦争」で、どこでどのような戦争が行われたかをまとめたのが、次の表である。

近現代アジアにおける戦争一覧

	戦争の名称	舞台による命名	アクターによる命名
1894年	日清戦争	第一次朝鮮戦争	第一次日中戦争
1904年	日露戦争	第一次満州戦争	第一次日露戦争
1910年	韓国併合	朝鮮植民地化	日本の朝鮮支配
1914年	第一次世界大戦	青島戦争	日独戦争
1918年	シベリア出兵	シベリア戦争	米露・第二次日露戦争
1924〜1937年	中国内戦	第一次中国戦争	軍閥対国民党・共産党
1929年	中ソ衝突	満州国境の戦い	第一次露中戦争
1931年	満州事変	第二次満州戦争	第二次日中戦争
1937年	日中戦争	第二次中国戦争	第二次日中戦争の継続
1939年	ノモンハン事件	モンゴル戦争	第三次日露戦争・日蒙戦争
1941年	「大東亜戦争」	太平洋戦争	日米戦争・日本対英蘭濠中戦争
1945年	日ソ戦争	第三次満州戦争	第四次日露戦争
1945年	中国内戦	第三次中国戦争	国共戦争
1946年	インドシナ戦争	第一次インドシナ戦争	仏越戦争
1950年	朝鮮戦争	第二次朝鮮戦争	南北内戦・米朝戦争・米中戦争・米ソ戦争・中韓戦争
1960年	ベトナム戦争	第二次インドシナ戦争	米越戦争・韓越戦争
1969年	中ソ衝突	アムール川の戦い	第二次露中戦争
1975年	ベトナム戦争終結		

和田春樹『東北アジア共同の家』（平凡社、2003年）を基に作成（図版デザイン：MOTHER）

注目すべきは、これらの戦争においてはアジア諸国のみならず、アメリカなどアジアに権益を求める大国が当事者になっていることである。右の表以前の時代でも、一八四〇年に始まったアヘン戦争（英中戦争）、および一八六三年の薩英《さつえい》戦争（日英戦争）など、イギリスが「アジアの戦争」に何度も顔を出している。多くの大国が鬩《せめ》ぎ合うこの地域は、まさしく世界の火薬庫であった。

中でも「満州」（現中国東北部）は、そうした大国の思惑がぶつかり合った場所である。右の表では、日露戦争を「第一次満州戦争」、満州事変を「第二次満州戦争」、一九四五年八月のソ連邦侵攻（日ソ戦争）を「第三次満州戦争」としているが、満州は中国とソ連邦が衝突する国境地帯でもあり、日中戦争や中国内戦の舞台にもなった。

また、第一次世界大戦に連なる「複合戦争」（山室信一《やまむろしんいち》）と捉えられる一九一八年から始まるシベリア出兵では、アメリカと日本が中心的役割を担い、満州の主要都市を拠点にソ連邦と対峙《たいじ》している。

満州が一九四五年以前のアジアのホットスポットであったとすれば、戦後の冷戦においてその位置を占めたのは朝鮮半島だった。日本による植民地支配から解放された後も独立を果たせず、米ソが占領・分割統治した朝鮮半島では、米ソを後ろ盾とするふたつの国家が生まれた。共に民族統一を標榜《ひょうぼう》した南北朝鮮に加えて、米ソ中がそれぞれの陣営について激突した朝鮮戦争は、「内戦」が転じて「準世界戦争」の様相を呈したのである。

朝鮮戦争では、三〇〇万人以上の死者が出たと言われる。米軍の司令官ダグラス・マッカーサーは反転攻勢の切り札として核の使用を進言し、更迭されたが、もし彼の案が採用されていたら朝鮮半島の隣接地域は広島、長崎に続いて、世界で三番目に核兵器攻撃を経験した場所になっていただろう。

朝鮮戦争は、分断された南北朝鮮それぞれの独裁政権を盤石なものにするのに貢献した。この意味で双方の政権にとっては「有益な戦争」だったのだ。

戦争によって膨れ上がった軍事、警察力、そして外国からの援助は、韓国の李承晩《イスンマン》政権の脆弱《ぜいじやく》な政治基盤を強化し、反共思想の強烈な高まりは軍事独裁への地ならしとなった。北朝鮮の金日成《キムイルソン》もまた、戦争を通じて政敵が排除され、チュチェ思想（主に「自力更生」を説いて指導者への服従を正当化した国家イデオロギー）を掲げる唯一指導体制を確立していく。

アメリカにとって、朝鮮戦争はその規模の大きさで「勝利で終わらなかった最初の戦争」だった。もうひとつの「アメリカが勝利できなかった戦争」であるベトナム戦争は、アメリカ対ベトナムという図式だけにはとどまらず、延べ約三二万人を派兵した韓国対ベトナムの戦争でもあった。ベトナム戦争による特需は、朝鮮戦争で疲弊しきった韓国経済を急速に復興させた。

ベトナム戦争が泥沼化する中で、アメリカは日韓の国交正常化を急がせ、一九六五年に「日韓基本条約」が締結される。日本が韓国に対して植民地支配への賠償・補償を行うのではなく、総額五億ドルを支援するという「経済協力方式」は、アメリカの冷戦戦略に戦後処理をうまく結びつけようとした日本と、日本の「経済協力」を「自立経済の発展」に結びつけようとした韓国の思惑が合致した妥協の産物であった。

だが、植民地支配をめぐる両国の認識は平行線を辿《たど》ったままであり、たとえば一九一〇年の韓国併合を「締結段階から不法」とした韓国に対し、日本は「合法」との立場を譲っていない。そのギャップは条約の第二条「千九百十年八月二十二日以前に大日本帝国と大韓帝国との間で締結されたすべての条約及び協定は、もはや無効であることが確認される」に象徴的に表れている。この「もはや」という曖昧な文言をめぐって、今も日韓の間に横たわる解釈の溝は埋まってはいない。

そして、国際政治のパワーポリティックスと国家の利害関係を優先した玉虫色の決着の結果、従軍慰安婦、在韓被爆者、在サハリン韓国人、徴用工にまつわる問題など、民主化以後の韓国と日本の間には間欠泉のように「歴史問題」が噴出することになった。

「パックス・ジャポニカ」はなぜ可能だったのか?

一九四五年の日本の敗戦にもかかわらず、二〇世紀のアジアは名実ともにパックス・ジャポニカ（日本の平和）と言ってよい時代だった。

その平和は、戦前では日英同盟に支えられており、パックス・ブリタニカ（イギリスの平和）とセットになっていた。ロシアのアジアへの勢力伸張を防遏《ぼうあつ》するという共通の目的の下、極東の小さな島国に過ぎなかった日本は一九〇二年、世界に冠たる大英帝国の同盟国になった。そして一九〇五年、一九一一年と同盟が改定されるたびに、日本はアジアの帝国としてその存在感を増す一方、第一次世界大戦では日英同盟を根拠に参戦し、中国の一部や南太平洋地域に勢力を広げることに成功したのである。それは、後に戦後、朝鮮戦争を「天佑神助《てんゆうしんじょ》」と呼んだ吉田茂《よしだしげる》元首相に倣《なら》って言えば、第一の「天佑」だったと言える。

しかし、満州をめぐる日米の対立に巻き込まれることへのイギリスの懸念が増し、一九二一～一九二二年のワシントン会議で日米英仏の四カ国条約が結ばれたのを機に、日英同盟は破棄に至った。その後、よく知られているように、日本は満州事変を引き起こし、一五年戦争へと突入していくことになる。

イギリスは同盟国から中国・東南アジアでの権益を争う敵対国へと変わり、「太平洋戦争」は中国・東南アジアでイギリスと対峙した「アジア太平洋戦争」でもあった。この戦争を「大東亜戦争」と呼んだ日本は、「ヨーロッパからアジアを解放する」と謳《うた》い、一九四一年一二月八日の開戦時には、真珠湾攻撃とともにイギリスが支配するマレー半島への攻撃を開始し、やがてイギリス領ビルマまで軍を進めることになった。

大東亜共栄圏建設を目指してアジア各地を転戦した日本の名は、一九四五年八月一五日を境に、本書一一四頁の「戦争一覧」の表から姿を消す。しかし、その後も日本は戦争とまったく無縁だったわけではない。

なぜ日本が平和であり続けられたのかという問いは、平和憲法のみにその答えを帰せられるものではない。また、日米安保という「同盟関係」の抑止効果だけで答えられるわけでもない。

平和憲法があるがゆえに、日米安保があるがゆえに、日本では戦後、ずっと「平和」が続いた――この二者択一的な問題設定が、何を視界から消しているかは明らかだ。東アジアの戦後がほとんど視界から消え失《き》せ《う》ているのである。

一九六〇年代の終わりに自由主義陣営で世界第二位の経済大国となり、冷戦終結後、名実ともにアメリカに次ぐ経済大国になった日本は、パックス・アメリカーナ（アメリカの平和）の下にあった。朝鮮戦争の最中の一九五一年、サンフランシスコ講和条約と同時に調印された日米安全保障条約は、いわば対英米戦争に突き進んだ反省の上に立った戦後版の日英同盟であり、アメリカにとっては、日本はアジアの共産国家（北朝鮮と中国）を封じ込めるための「コーナーストーン」であった。

日本に対して軍政ではなく、沖縄など一部の地域を除いて間接統治による占領を実施したアメリカは、当初はデモクラシーの「宣教師」のごとく振る舞い、日本の非軍事化と民主化を推し進めた。しかし東西冷戦の激化とともに、次第に経済復興を重視する「逆コース（政治的反動化）」へと転じていったことはよく知られている通りだ。その決定打となったのが朝鮮戦争である。

当時政権を担っていた吉田茂首相は、日本が朝鮮戦争における補給基地としての役割を担うことの代償として安全保障を確保する道を選んだ。これによって大量の軍事物資をはじめとする巨大な特需が生まれ、在日国連軍将兵の消費などの間接特需も含めれば、その総額は一九五五年までで三六億ドルにも上った。いみじくも吉田茂が「天佑神助」と呼んだ朝鮮戦争は、日本の戦後復興にはずみをつけ、アメリカとの二国間同盟である日米安保を軸に戦後日本の政治体制の基盤が固められていく。その日本側の推進者が、A級戦犯容疑をかけられたものの、その後、不死鳥のように蘇《よみがえ》って日米安保改定の立役者となった岸信介《きしのぶすけ》である。

その岸をブローカー役に、日米安保という対外的な機軸に対応する国内的な機軸となったのが、保守合同＝自由民主党の誕生だった。このふたつの支柱によって戦後日本のレジームの骨格は固まったことになる。日米安保と五五年体制というふたつのシステムこそ、戦後日本の長期にわたる保守政権の存続の要であった。

ただ、『朝鮮戦争の起源』の著者ブルース・カミングスが指摘しているように、日本の「一国内平和」は、沖縄と韓国という「緩衝地帯」なくして成り立ち得なかったはずだ。沖縄は基地という形で、そして韓国は最小限の防衛力を補完する「兵営国家」、対共産主義に対する「諜報国家《ちょうほう》」の防壁という形で、アメリカを仲立ちにして「平和国家」日本に結びつけられていたのである。

もし朝鮮戦争で釜山《プサン》に赤旗が翻ることになっていたとしたら、日本の防衛ラインは対馬《つしま》海峡に迫り、平和憲法に基づく最小限の「防衛力」や専守防衛、防衛費の上限GDP一パーセントといった戦後日本の基本的な防衛戦略は、とっくに骨抜きになっていたのではないだろうか。カミングスが示唆しているように、憲法改正も早期に実現され、韓国と同じように過酷な「情報政治」が敷かれていた可能性も否定できない。

こうして見れば、日本の「一国内平和」と韓国の「軍事独裁・兵営国家」とは、海峡を挟んで表裏のようにつながっていたのである。いわば、韓国は日本の安全保障や防衛戦略の一部を引き受け、肩代わりしてくれたということだ。このような海峡を挟んだ反共国家、日韓の「癒着《ゆちゃく》」の舞台裏で最大のフィクサーとして暗躍したのが、首相退任後の「昭和の妖怪」、岸信介であった。多くの日韓両国民にとって、海峡はふたつの主権国家を分かつ国境線であったとしても、両国の軍事政権と保守政権にとっては同じ勢力圏内の内海のようなものだったことになる。

だからこそ、明白な日本の国家主権の侵害であるとともに人権侵害であり、したがって被害者の「原状復帰」が不可欠だったはずの「金大中拉致《キムデジュンらち》事件」は、「政治決着」によって蓋《ふた》をされたのである。

生前、金大中氏が、大統領在任中に「金大中拉致事件」の真相解明と「原状復帰」をめぐって、日本政府の新たな対応を敢《あ》えて外交的なイッシューにしなかった真意を唇を噛《か》むように切々と語っていた姿が目に浮かぶ。そこには、未来志向による「日韓新時代」を掲げた政治家の決断に至る内心の葛藤が垣間《かいま》見《み》えた。

このように、日米安保と五五年体制から成り立つ戦後日本のシステムは、沖縄と韓国というサブシステムを組み込んだ複合的なシステムとなったのである。

日本と関わりのあった「アジアの戦争」は、朝鮮戦争だけではない。戦前の日本にとって「大東亜共栄圏」は原料と食糧の供給地であるとともに、日本の工業製品の市場となる経済的後背地（ヒンターランド、hinterland）であった。戦後、アメリカはそこから「レッド・チャイナ（中華人民共和国）」を除外し、韓国、台湾、そして東南アジア諸国を日本復興の後背地として差し出した。そして、自らも勢力範囲を広げていく過程で生じた東南アジアにおけるイギリス、フランスとの間の軋轢が、やがてベトナム戦争へとつながっていく。さらに、一九七二年の日本復帰まで、沖縄がアメリカの軍政下にあったことも忘れてはならない。日本の米軍専用施設面積の約七割が集中する沖縄は、今もアジアにおけるアメリカの重要な軍事拠点であり、その戦略的な「価値」は米中対立とともにますます、高まりつつある。

「戦後の日本は平和になった」。「戦後日本は『正規軍』がひとりとして殺し、殺されたことのない希有《けう》な平和国家である。だから平和憲法を守らなければならない」。こうした戦後日本の「良心的な」声に私が共感を覚えつつも、釈然としない違和感を拭えないのは、そうした言動が、ベトナム戦争終結のころまでアジアが「戦争まみれ」であったという冷厳な現実に頬被《ほおかぶ》りをしているように思えるからである。

朝鮮戦争に至る過程でも、かつて支配下においた朝鮮半島の人々に対する同情心が国民的な規模で沸き起こることはなかった。確かに戦後の混乱は終息しておらず、インフレ克服のためのドッジライン（一九四九年の金融引き締め）後、日本経済は地を這《は》うような低迷に喘《あえ》ぎ、国民の多くが困窮に苦しんでいたことは否定できない。それでも、一九五二年、大阪府豊中市に集まった労働者、「在日朝鮮人」、学生たちが吹田《すいた》操車場まで反戦・軍事輸送反対のデモを行い、大規模な「騒乱」にまで展開した「吹田事件」などがあったことを見落としてはならない。

しかし、それらの動きは散発的な運動にとどまり、戦争の「特需」は日本経済が戦後の混乱から脱却する決定的なモメンタムとなったのである。さらに、横田基地から飛び立ったＢ29が北朝鮮を空襲・空爆したことに、多くの日本人は気づかないままであった。しかも、およそ二〇〇〇人の日本人が米軍から「徴用」され、米軍上陸の水先案内人になった歴史は、最近に至るまで明らかにされていなかった。明らかに、戦後の日本は、間接的に朝鮮戦争に巻き込まれていたのである。

もっとも、内戦で死線をさまよった韓国が、今度はベトナム戦争で延べ三〇万以上の兵力を派遣していることも見落とせない。それが、内戦以後の「漢江《ハンガン》の奇跡（一九六〇年代以降の驚異的な経済復興）」の起爆剤になり、韓国財閥（チェボル）台頭のモメンタムになったことはよく知られている通りだ。

にもかかわらず、現在では韓越貿易は空前の額に達し、ベトナムは韓国最大の貿易黒字の国になり、在韓外国人のうちベトナム人の占める割合は韓国系中国人に次ぐ多さになっている。

かつて駐日アメリカ大使館の政務担当者と会ったときの言葉が耳朶《じだ》に残っている。「姜《カン》先生、干戈《かんか》を交え、悲惨な戦争で多大の犠牲者を出しても、やがて親密な友好国になれるものなんです。だって今ではベトナムは親米的な国ですし、そもそも日本がそうじゃありませんか」。そう嘯《うそぶ》きながら、暗に北朝鮮とも将来、そうした関係にならないとどうして言えますかと、彼の含み笑いが私に問いかけているようだった。確かに冷厳でドライな「国家理性」の狡智《こうち》からすれば、その時々に「最大の」国益に仕えることが、パワーポリティックスの鉄則なのかもしれない。

しかし、そこからはじき出された人々の犠牲はただ忘れ去られ、踏みにじられたままでいいのか、忸怩《じくじ》たる思いが私の気持ちを暗くする。

ベトナム戦争における韓国軍の「蛮行」の犠牲者、日本軍による「従軍慰安婦」など、「記憶の穴」に落ち込んだままの人々に光が当てられ、然《しか》るべき地位を与えられるのは、いつのことになるのだろうか。国家理性の狡智によって戦争が避けられるとしたら、その乾いたザッハリッヒな（非人格的で即物的な）ロジックを闇雲に否定しようとは思わない。しかし、それでも私は、その冷厳なロジックによって切り捨てられていく人々のことを思わざるを得ない。なぜなら、「在日」とは、そうした「国家理性」によって切り捨てられた人々のことを意味しているからだ。

ゲルツェンの『向こう岸から』を敷衍《ふえん》して、「歴史のクズ」と思われた少数者の立場から一八四八年の三月革命を読み直した良知力《らちちから》の『向う岸からの世界史』に倣って、東アジアの歴史を読み直すときは来るのだろうか。良知の『世界史』が出版されたのが一九七八年であり、その翌年、ドイツ留学への空の旅の無聊《ぶりょう》を慰めてくれたのがまさにこの本だったのだ。大文字の大義やイデオロギーで埋め尽くされた時代の瘡蓋《かさぶた》を取り外してそこから見える生きた歴史。良知の『世界史』は、その輝かしい金字塔のひとつだった。

「グローバリズム」対「ナショナリズム」、中国の台頭

冷戦期もまた、大文字の大義とイデオロギーが地球を覆った時代であると言えるだろう。ウォーラーステインの言葉を借りれば、冷戦は「第一次世界大戦後のウィルソン的な理想主義とレーニン主義の対立」に端を発する、一国の枠を超えた「理想主義」を力によって実現しようとするふたつの原理主義同士の角逐であった。

冷戦の終結は、「戦略防衛構想（ＳＤＩ）」、別名「スターウォーズ計画」を打ち出したレーガン政権のアメリカから見れば、ソ連邦という「悪の帝国」に対する「デモクラシーの帝国」の勝利ということになるはずだ。しかし同時に、そのことは新たな「正義と悪」の二項対立の始まりにもなった。

そうした世界を「善」と「悪」に大きく分ける形での二元論は、旧ソ連邦が解体された後も変奏曲を奏でながら残存し、冷戦終結後、世界は一極支配のユニラテラリズム＝単独行動主義に走る超大国・アメリカが体現する新たな「普遍性（グローバル・スタンダード）」によって覆われ、「非欧米（中東・アジア）」の「特殊化」が進んでいくことになる。

9・11テロの衝撃の後、アメリカのジョージ・W・ブッシュ大統領が、二〇〇二年一月の一般教書演説で北朝鮮、イラン、イラクを「悪の枢軸《すうじく》(axis of evil)」と名指ししたのは、その一例である。ブッシュ大統領は、この三カ国がテロリスト支援、核や化学兵器などの大量破壊兵器の保有、そして人権や自由に対する抑圧を行っていると非難し、対決姿勢を鮮明に打ち出した。「対テロ戦争」として始められたアフガニスタン侵攻やイラク戦争は、アメリカ主導の下、「普遍」を掲げて「特殊」を打ち負かす戦いであった。

十字軍的な原理主義的モラリズムを国際政治に当てはめることが戦争への導火線になると警鐘を鳴らし、柔軟で強《したた》かな説得や脅しを使い分けながら、破局的な戦争を回避する道筋を説いたアメリカの政治学者ハンス・モーゲンソーの保守主義の叡智《えいち》(『国際政治』)は顧みられることすらなかったのである。

しかし、アメリカは湾岸戦争、イラク戦争に易々《やすやす》と勝利したかに見えたものの、「特殊」とされたイスラーム諸国の反発は高まり、その後も頻発するテロに悩まされ続けることになった。そしてアフガニスタン戦争では、かつてのサイゴン陥落を彷彿《ほうふつ》とさせるような無様な撤退を強いられたことは知っての通りである。

冷戦後の世界のもうひとつの特徴は、ナショナリズムの浮上である。グローバル経済の進展に伴い、国民国家の限界が明らかになっていくと同時に、人々は自分たちのアイデンティティをつなぎ止めるべく民族国家にその拠《よ》り所《どころ》を求めた。しかしそうした民族意識の高まりは、バルカン半島の諸民族を統合していたユーゴスラビア連邦で「民族浄化」の凄惨な殺戮劇《さつりくげき》となって世界を震撼《しんかん》させた。また、イスラームやキリスト教の原理主義的な復興運動が活性化し、フランスの政治学者ジル・ケペルが「宗教の復讐《ふくしゅう》」と呼んだような現象が見られるようになった。

こうした民族的なアイデンティティや宗教的な帰属を求める動きは、エスノセントリック（自民族中心主義的）な「歴史修正主義」の動きを促進することになった。ナショナルな記憶や物語の捏造《ねつぞう》と修正が多様な媒体を通じて国民の中にナルシズム的な感情を作り出し、やがて「歴史」がナショナリズムを競い合うアリーナ（闘争場）になっていくのである。

特に日中・日韓の間での過去の歴史をめぐる解釈や評価は、冷戦終結以後、一部メディアで「歴史戦」と言われるほど熾烈化し、それぞれの国内の国民的な「感情構造」も絡んで、東アジアの日中韓三カ国の間に複雑な波紋を投じることになった。

この時期は他方では、中国の経済の飛躍と大国化とも重なっている。文化大革命後、鄧《とう》小平《しょうへい》が強力に推し進めた改革開放路線は、一九八九年の天安門事件で民主化運動が頓挫した後、共産党の一党独裁を堅持しながらも、社会主義市場経済への道をひた走ることになる。その成功を背景に、中国は一九九七年にイギリスからの香港《ホンコン》返還、一九九九年にはポルトガルからのマカオ返還を果たし、アヘン戦争以来の「屈辱の歴史」に終止符を打ち、大国化へと突き進んでいく。

冷戦終結以後、アメリカが湾岸戦争からイラク戦争、アフガニスタン戦争と、単独行動主義的な武力介入と消耗戦に足をすくわれ、国力が疲弊する中、中国は着実に経済大国への道を歩み、二〇一〇年には中国のGDPは日本を追い越し、二〇二〇年の時点で日本の三倍近くに達し、アメリカの地位を脅かすまでに急成長することになった。

新ミレニアムになった二〇〇〇年代、中国がこれほどまでに急速に経済大国へとのし上がるとは予想できなかった。おそらく、日本をはじめ、欧米のエコノミストも予想外だったに違いない。中国の台頭を中心に、東アジアの経済的復興による新たな「世界システム」への転換を探ろうとしたイタリアの世界システム論者ジョヴァンニ・アリギは、既に一〇年以上も前、『北京のアダム・スミス』でイラク戦争の勝者は実は中国であったと述べている。牽強付会《けんきょうふかい》の面があるにしても、アメリカもその一瀉千里《いっしゃせんり》のように進む中国の宇宙開発やハイテク化に半ば驚き、ひところの「平和的な」中国包摂論は影を潜め、最も手強いライバル、さらに「敵対国家」とみなし、同盟国と連携した中国シフトによるヘゲモニーの争奪戦に転じつつあるように見える。

バッファーとしての「地域主義」の可能性

ただ、新ミレニアムの二〇一〇年代まで、私の中ではまだ広域的な地域主義(regionalism)による東アジアでの東西の融和が可能ではないかという思いが強かった。

「ナショナリズム対グローバリズム」という構図の中で、両者をつなぐバッファー(緩衝)とみなされたのが、地域主義だった。ベルリンの壁崩壊と前後して、FTA(自由貿易協定)やAPEC(アジア太平洋経済協力)など、さまざまな通商・金融・政治的・法的取り決めを行う、ある種の地域的まとまりが盛んになっていった。特に、経済・政治統合を目的に一九九三年に発足したEUの存在は、ヨーロッパが超国民国家的な広域に及ぶ不戦共同体を構築できたのであれば、東アジアもまたナショナリズムから脱却できる時代が来るかもしれないという期待を抱かせてくれた——それは今から振り返れば、ＥＵに対する私の楽観的な思い入れに過ぎなかったのだが。

そうした期待は、東アジアにおける地域統合の可能性のビジョンを刺激することになった。そして、「東アジア共同体」というビジョンが語られるきっかけになったのは、一九九七年のアジア通貨危機だった。震源地となったタイは、それまで自国通貨の価値を米ドルと連動させる固定相場制（ドルペッグ制）を採用していたが、ヘッジファンドなどの機関投資家が大量のタイ・バーツの空売りを仕掛けたことで、変動相場制への移行を余儀なくされ、バーツの対ドル相場が急落するバーツ危機が起こる。通貨急落は同じくドルペッグ制を採用していたインドネシアなどアジア各国に波及し、これに巻き込まれた韓国もＩＭＦ危機に陥った。事態は国境を越えて連鎖し、一国だけで対処できる規模ではなくなりつつあった。一国単位を超えた連携・協力の必要性が現実味を帯びるようになったのである。

私は当時、ＮＨＫのクルーと一緒に「ＩＭＦ危機」に見舞われた韓国を取材してまわることになった。それまで韓国は軍事独裁から民主化へと歩みを進め、経済的には世界最貧国のひとつから急成長を遂げ、一九八八年にはソウルオリンピックを成功させて、既に中進国から先進国へ移行するとば口に立っていると評価されていた。それが一挙に崩壊し、大中小を問わず企業の倒産が相次ぎ、金融をはじめとする国のシステムそのものが綻びかけていたのである。「漢江の奇跡」が蜃気楼《しんきろう》のように儚《はかな》くこだましていた。

破綻した経済の下で生きる人々の苦境を点描的に取材していくうちに、このような危機に鈍感だった為政者たちの無能に怒りが湧くとともに、グローバル経済の過酷な現実を目の当たりにし、経済学者のカール・ポラニーが『大転換』で詩人ウィリアム・ブレイクから引用していた「悪魔の挽《ひ》き臼《うす》(Satanic mill)」という言葉が頭を過《よぎ》った。人々の生活を支える共同体を、挽き臼のように粉々にしてしまうグローバルな市場経済。それは、人々の命の連鎖を断ち切る悪魔の仕業のように思えたのである。

こうした地球的規模の「悪魔の挽き臼」と化したグローバル市場経済の破壊的な力から社会を守るためにはどうしたらいいのか。現実の経済破綻という形で東アジアにセーフティネットの構築という課題が迫られていたのである。

私のこうした問題意識は、事実上の国家破綻に直面しつつあった、東アジアから遠く離れたアルゼンチンの首都ブエノスアイレスでの取材経験を通じてより強められていった。二〇〇一年、同じようにNHKのクルーと一緒に、債務不履行の瀬戸際に追い込まれたアルゼンチンのブエノスアイレスに飛んだ。

グローバル経済華やかなりしころ、ドルとの「一対一」の為替レート（ドルペッグ制）を通じてインフレを抑制し、新自由主義的な民営化を通じてアルゼンチン経済をグローバル化の優等生に押し上げた勢いは、アジア通貨危機のめぐりめぐった衝撃波を受け、脆《もろ》くも失速。ブエノスアイレスは、ソウルとは比べものにならないほどの困窮と混乱の坩堝《るつぼ》にあった。

取材の最終日、当時の経済大臣にぶっつけ本番でインタビューしたとき、彼が「グローバル化自体は避けられない。だが、今回のことは中南米諸国のリージョナル（地域的）な結びつきの弱さを露呈した」と語ったことが耳朶に残った。それは、一国主義の限界を痛感させた言葉だった。

「リージョナルな結びつきの弱さ」。それは、東アジアも同じではないか。果たして日本は、東アジアの近隣諸国と「強い」リージョナルな結びつきを創ってきたのか。経済だけでなく、安全保障や政治、文化、社会など、多様な領域の「リージョナルな」ネットワーク。それが果たして戦後、力強く形成されてきたと言えるか。

本来なら、一九世紀からアジアで唯一、早熟的な帝国主義国家の道を歩み、挙げ句の果てに東アジアを戦火に巻き込み、自らも二度にわたる被爆の体験を背負った日本こそ、そうしたネットワーク作りの中心的な担い手でなければならなかったはずだ。

しかし、第二次世界大戦後、「西方政策」さらには「東方政策」を通じてヨーロッパの国々との関係構築を進めたドイツと異なり、敗戦後の日本は、南北朝鮮と中国・台湾という分断国家に囲まれ、日本を除けば国民国家として独立した国家が地域で他にないという状況に置かれた。このことは、アメリカとの間で異常なほどに強いパートナーシップ、いわば「主従関係」にも似た二国間関係を築かざるを得ない状態にもつながっていった。もし、東アジアという地域に多国間の緩やかな共同体が形成されていれば、日米間の「非対称的な関係」は少しは是正されていたのではないだろうか。日本は、中国や韓国、さらに親日のはずの台湾とも領土問題を抱えており、さらにロシアとの「北方領土」問題は解決の出口を塞がれたままだ。

「東北アジア共同の家」という理想

東アジアの共同体に先行する仕組みとして参考になるのは、一九六七年に設立された東南アジアのASEAN（Association of Southeast Asian Nations、東南アジア諸国連合）である。インドネシア、マレーシア、フィリピン、シンガポール、タイの五カ国を原加盟国に、現在では東南アジア地域の一〇カ国が加盟するASEANは、友好善隣の促進という当初の目的を「政治・安全保障共同体」「経済共同体」「社会・文化共同体」から成る「ASEAN共同体」の構築へと進化させている。

東北アジアにもこれと同様の枠組み、いわばANEAN（Association of North-East Asian Nations）とでも呼ぶべきつながりが生み出され、ASEANと一緒になることは、東アジア共同体の形成に向けた有力な選択肢にならないか。そう考えた私は、ANEANの実現に向け、一九八〇年代の終わりごろから和田春樹氏と同じように「東北アジア共同の家」という構想を抱くようになった。

だが、そもそも「東北アジア」とは、いったいどのような地域だろうか。戦前の日本で、あるときから「満蒙《まんもう》」や「満鮮」、あるいは「東亜」という言葉が国策的なスローガンとして急に浮上するようになったことからもわかるように、地域の概念は、地理的な実体(entity)にとどまらず、発見し、想像=創造されていく概念でもある。「満鮮」や「満蒙」、「東亜」も、日本の対外的な進出に伴って生み出され、クローズアップされ、国民的なフォーカスとともに、「想像の共同体」として表象されていったのである。

その意味で「東北アジア」は既にある「実体」ではなく、新たにつくり出されなければならない「地域」と言えるだろう。

地理的に捉えるならば、東北アジアとは日本、南北朝鮮、中国、ロシア極東部、モンゴル、台湾を含めた広大な地域を指すが、概念としては、太平洋国家としてこの地域に絶大な影響力を与えてきたアメリカも当然、そこに加わることになる。

「八〇年戦争」の時代から、「東北アジア」はアメリカ、中国、日本、ロシアという四つの大国がぶつかり合う場所であり続けている。これは世界の他の地域にはない特色である。

イスラーム文化の影は薄いものの、東北アジアの国々は体制、国家の規模、軍事力、文化的な背景、歴史がそれぞれ異なるマルチカルチュラルな世界の縮図であり、そうした地域をつなぐ共同体が生まれれば、ナショナリズムという「妖怪」に頼らずとも、ユニラテラリズムに対するひとつのオルタナティブ（代わりの選択肢）になり得るはずだ。

また、経済的には日本、韓国、中国の三カ国で世界経済の約二五パーセントに相当するGDPを産出しており（二〇二二年）、域内で大きなひとつの経済圏が存在する。だとすれば、経済的、社会的、文化的な相互交流の網の目を広げ、その蓄積の上に、紛争を回避するための多国間主義的で柔軟な枠組みを構築し、その中でナショナリズムの「過剰な部分」を解消していく地域統合が可能なのではないか。

そのような考えを持つようになった背景には、私が「在日」として「日本か韓国かどちらかを選べ」と二者択一を迫られる人生を送ってきたことも関係している。故国をあとにして異国である日本に渡り、そこで生きた一世たちと違い、最初から日本で生まれ育った二世の私には異国も故国もなかった。日本と韓国の両方がその中に入れるような新しい枠組みの創出は、日韓のしがらみから逃れられない私にとって、ひとつの理想であった。

東北アジアの最もひ弱な分断国家であるとともに、その死活を制する中央部分に位置する朝鮮半島は、「東北アジア共同の家」の地政学的な中心である。歴史上、朝鮮半島は基本的に中華冊封《さくほう》体制の下にあり、近代以降は日本の支配下に置かれ、そして一九四五年以降、韓国はアメリカのヘゲモニーに従ってきた。一九八七年に民主化したことで初めて、韓国には自らが東北アジアの安定を生み出すファシリテーターとして動く余地が生まれたが、自国だけでその役割を果たすのは難しい。「東北アジア共同の家」の中核として、私は日本と韓国を想定した。

私は、日韓の関係をヨーロッパ統合におけるドイツとフランスの関係に準《なぞら》えて考えた。アデナウアーとドゴール、シュミットとジスカール・デスタン、コールとミッテランと、両国のトップは「ひとつのヨーロッパ」に向けて手を携えてきた。ナポレオン戦争以来、一〇〇年以上にわたって戦争を繰り返してきた両国が恩讐《おんしゅう》を超えて連携し、平和と安定の仕組みとしてEUを実現させたのであれば、歴史問題を抱える日韓が両輪となって、東北アジアという地域的な横のつながりをつくることも不可能ではない。そのとき「在日」は、朝鮮半島の「反日」と「分断」を解決し、ポジティブな日韓関係を構築していく上で積極的な役割を果たせるはずだ。それまで「歴史のクズ」と感じてきた「在日」の中に、私は新たな可能性を見出《みいだ》していた。

金大中が練り上げた「日韓連携」

一九九八年から二〇〇三年まで韓国大統領を務めた金大中氏もまた、日韓関係を軸とした東北アジア地域の関係諸国による多国間協議の枠組みを通じて、南北朝鮮の共存と統一を目指そうとしていた。

金大中氏は、私の青春の記憶に深く刻まれた人である。一九七三年夏、日本滞在中の氏がＫＣＩＡに白昼堂々と拉致される事件（金大中拉致事件）が起きたとき、私は「在日」の仲間たちと共に、彼の救出を訴えるハンガーストライキに参加した。氏が大統領を退任した後には何度かじっくりと言葉を交わす機会にも恵まれ、歴史を深く学んだことに裏打ちされたスケールの大きな発想や、理想の実現のためにはかつての敵も懐に引き入れる度量に敬愛の念を抱くようになった。

野党政治家時代、強圧的な軍事政権下でひるまず民主化を説き続けた金大中氏は、反体制派のシンボルとみなされてたびたび投獄され、死の危険にさらされた。氏が終生足をひきずりながら歩かねばならなかったのは、暗殺工作に遭った際の後遺症である。光州《クアンジュ》事件を扇動したとして死刑宣告を受けたときには、当局から「自分たちに協力すれば助けてやる。協力しなければ殺す。裁判は行うが、形式的なものに過ぎない」と脅されたこともあった。だが、「国民を裏切ることはできない」と、氏は決して節を曲げなかった。どんなに迫害されても不死鳥のように蘇った金大中氏は、四度目の挑戦でついに大統領の座にまで上り詰めたが、その不屈の精神は、朝鮮戦争と民族の分断という悲劇を乗り越えたいという燃えるような情念に支えられていた。

「韓国の五〇〇〇万の人口で東アジアのファシリテーターになるには限界がある」という氏の言葉通り、日韓の連携は、老練なリアリストでもあった金大中氏が戦争を起こさずに北朝鮮との和解を実現するため、長年にわたり考え抜いたプランのひとつだった。

金大中拉致事件は、日韓両政府によって頭越しの政治決着が図られたが、氏は政治的和解を優先し、小渕恵三《おぶちけいぞう》首相との歴史的な「日韓パートナーシップ宣言」(「日韓共同宣言―21世紀に向けた新たな日韓パートナーシップ」一九九八年)を実現させた。

「日韓パートナーシップ宣言」では、小渕首相が過去の植民地支配に対する「痛切な反省と心からのお詫《わ》び」を述べ、金大統領はそれを「真摯に受けとめ」て「評価」し、両国が歴史問題に区切りをつけ、「相互理解と信頼」に基づいた「未来志向的な」関係を発展させていくことが謳われた。また、同宣言では「特に若い世代が歴史への認識を深めること」の重要性が強調され、既に決定していた二〇〇二年サッカー・ワールドカップの日韓共催への協力も盛り込まれた。

この「日韓パートナーシップ宣言」を受けて、金大中氏はそれまで韓国で禁じられていた日本の大衆文化の解禁を決定した。韓国国内での強い反発が予想される中、彼は敢えて日韓交流へと舵《かじ》を切ったのである。金大中氏はこの決断について、「隣国の日本の大衆文化に鎖国のように門戸を閉ざしている我が国の現状は恥ずかしい。日本の大衆文化にのみ込まれるぐらいの国なら、それだけの価値しかない国としか言いようがない。でも、我が国は隣の大国・中国にも同化せず、長い歴史と伝統、文化を保ち続けてきた。我が国が、日本の文化にのみ込まれてしまうことなどありえないはずです。だから、私は積極的に日本の文化に門戸を開く方針をとったし、我が国も大衆文化を世界に発信していくべきだと考えたのです」と語ってくれた。

こうした氏の文化政策は、韓流ドラマやK－POPなど、韓国発の大衆文化が後にグローバルな人気を博していく布石となった。日本でも二〇〇三年に放映が開始された韓国ドラマ「冬のソナタ」が爆発的にヒットし、その後も第二次、第三次、第四次と韓流ブームが続いている。

「日韓パートナーシップ宣言」から二〇〇四年ごろまで、日韓両国は「戦後最良の日韓関係」を育んだ。既に「日本＝西洋」「韓国＝遅れたアジア」という構図は過去のものになり、一九九〇年代にバブル崩壊後の経済低迷に苦しむ日本と、IMF危機を経験した韓国にとって、経済危機は両国が共に協力していく体制をつくる端緒となると思われた。

東アジア共同体への動き

「日韓パートナーシップ宣言」に記された、「単に二国間の次元にとどまらず、アジア太平洋地域更には国際社会全体の平和と繁栄のために」両国のパートナーシップを前進させていくという文言は、ポスト冷戦に芽生えた新しいアジアの秩序を念頭に置いたものであった。

中でも、一九九七年に開催されたＡＳＥＡＮ創立三〇周年記念首脳会談に日本、中国、韓国の首脳が招待され、ＡＳＥＡＮプラス３（日中韓）という地域間協力の枠組みにつながっていったことは特筆に値する。二〇二二年に二五周年を迎えたＡＳＥＡＮプラス３では、その間、首脳会議や外相会議、財務大臣・中央銀行総裁会議などが定期的に開催されているが、この枠組みは、太平洋戦争中の大東亜共栄圏とほぼ同じ領域を射程とする。両者の大きな違いは、アジア通貨危機を体験したＡＳＥＡＮ諸国が日本との一層の経済協力を望んだことが背景にあったという点だ。

アジア通貨危機の際、日本は宮澤喜一《みやざわきいち》蔵相のイニシアチブにより総額三〇〇億ドル規模の支援を行うなど、主導的な役割を果たしていた。戦前の日本が荒唐無稽《こうとうむけい》な形で唱えた地域主義がアジアから自発的に生まれたことは画期的であった。

一九九九年の第三回ＡＳＥＡＮプラス３会議では、「東アジアにおける協力に関する共同声明」が採択され、経済分野に加えて政治・安全保障や文化・情報の分野における協力強化も記された。同会議では、小渕恵三首相の提案により、日中韓三カ国の首脳による朝食会が開かれた。これは歴史上初めての試みであり、二〇〇八年から始まる日中韓首脳会議の原型となった。二〇一一年には、中国の温家宝《おんかほう》首相、韓国の李明博《イミョンバク》大統領が東日本大震災の被災地を相次いで訪問し、菅直人《かんなおと》首相と三人で福島の避難所を訪れた後、東京で首脳会談を行うなど、未曽有の危機に襲われた日本との連携をアピールした。

金大中氏も、ASEANプラス3で積極的な役割を果たした。民間人中心のフォーラム(東アジア経済協力ビジョン・グループ)の設立を提言し、一九九九年には経済協力に限定しない東アジア・ビジョン・グループが立ち上がった。二〇〇〇年の第四回ASEANプラス3会議では、金氏が提案した政府関係者を中心とする「東アジア・スタディ・グループ」の設置が決まった。

「東アジア共同体」という構想は、こうした一連の動きから生まれてきたものである。二〇〇四年には日本でも産官学による「東アジア共同体評議会」が設立され、中曽根康弘《なかそねやすひろ》元首相が会長の座に就いた。二〇〇五年には第一回東アジアサミットが開かれ、ASEANプラス3の他、オーストラリア、インド、ニュージーランドが参加した。「東アジア共同体」の「東アジア」は明確に定義されておらず、ASEANプラス3を指すという暗黙の了解があったが、構成メンバーとその枠組み、特にアメリカの参加をめぐって日中で激しい鍔迫《つばぜ》り合《あ》いが見られた。

北朝鮮はＡＳＥＡＮプラス３には参加していないが、地域の安全保障環境の向上を目的に一九九四年に発足したＡＳＥＡＮ地域フォーラムには、二〇〇〇年から出席している。ちなみに、ＡＳＥＡＮ地域フォーラムは、ＡＳＥＡＮ一〇カ国に日中韓、北朝鮮、アメリカ、カナダ、オーストラリア、ニュージーランド、パプアニューギニア、モンゴル、ロシア、インド、パキスタン、東ティモール、バングラデシュ、スリランカ、ＥＵと、広範なメンバーが加盟している。

アジアにおけるこれらの地域主義的な動きは、日本と朝鮮半島の関係が、中国や台湾、ロシアの極東地域にまで広がっていくような東北アジアの共同体の構想が、決して机上の空論ではないと感じさせた。

「太陽政策」が生んだ南北融和

「東北アジア共同の家」は、いわば緩やかな地域統合の始まりに向けたプロジェクトのスローガン的な合言葉であったが、決して単なる抽象的な理念ではなく、朝鮮半島の平和的共存、和解、統一に向けて関係諸国がどのようにコミットしていくのかという具体的な提言だった。その意味で、金大中政権の対北宥和《ゆうわ》路線である「太陽政策」は、その足固めとなるように思われた。

「太陽政策」はイソップ物語の「北風と太陽」の寓話《ぐうわ》にちなみ、北朝鮮に対して断固とした抑止力によって武力的挑発を防ぎつつ、積極的な関与を通じて平和を構築し実現しようとするものである。軍事政権下の韓国では北朝鮮に攻め入って統一を実現させる「北進統一論」が唱えられていたが、金大中氏はその間も一貫して交渉による南北統一を訴え続けていた。「民族統一」は氏にとって若いころからの悲願であり、大統領としての使命の「第一条第一項」だった。

当初、北朝鮮は徹底的に「太陽政策」を批判したが、それは韓国の対北宥和姿勢を見極めるための常套《じょうとう》手段であった。北朝鮮の度重なる挑発にも金大中氏は揺らぐことなく、任期半ばの二〇〇〇年三月に訪問先のドイツ・ベルリンで演説を行い、朝鮮半島の平和構築のための南北政府の協力を提案し、インフラ整備を含む大胆な北朝鮮経済支援策を打ち出した。この「ベルリン宣言」を契機に、事態は一気に動き出していく。

二〇〇〇年六月、分断以来初めてとなる南北首脳会談が実現した。平壌《ピョンヤン》の空港に降り立った金大中氏とそれを迎えた金正日《キムジョンイル》国防委員長が固く握手を交わす光景に、私は思わず歓喜の声を上げ、亡父と闘病中の親友の名前を呼んでいた。金大中拉致事件でかつて活動を共にした生涯の友は、不治の病の床にあった。私はここに至るまでの朝鮮半島の苦難の歴史、そして時代に翻弄された人々の思いを噛み締め、「やっと報われたのだ」という感慨で満たされていた。

首脳会談後、発表された「南北共同宣言（六・一五南北共同宣言）」では、「南側の連合制案と北側のゆるやかな段階での連邦制案が、互いに共通性があると認め」、国の統一問題を「民族同士で互いに力を合わせ、自主的に解決していく」ことが記された（邦訳は姜尚中《カンサンジュン》他編『日朝交渉――課題と展望』岩波書店より）。「南側の連合制案」とは、金大中氏が構想した「三段階統一論」の第二段階を指している。「三段階統一論」においては、第一段階の「国家連合」では、国連で韓国と北朝鮮がひとつずつ席を持ちながら緩やかな国家連合の形態を取り、第二の「連邦制」の段階では、ひとつの国家にふたつの政府を置き、やがて最終的に第三段階の「統一国家」に至るとされた。具体的な統一の国家形態が南北で言及されたのはこれが初めてであり、この大きな目標とともに、朝鮮戦争によって生じた離散家族や親戚の訪問団の交換や、経済協力およびその他の分野での協力と交流の活性化に向け、早期に当局間の対話を開催することも述べられた。

南北関係は飛躍的に改善し、二〇〇〇年夏のシドニーオリンピック開会式では、南北の選手団が統一旗を掲げて共に入場行進を行った。また、南北の人的往来を可能にすべく、南北休戦ラインを跨《また》ぐ鉄道の再連結が着手され、それらの路線に沿う高速道路の建設も計画された。開城《ケソン》には、韓国を代表する企業・現代《ヒュンダイ》グループと北朝鮮が共同で開発する工業団地が建設され、北朝鮮最大の軍事施設に近接する金剛山《クムガンサン》を観光地として開放するなど、南北経済交流がこれまでにない規模で進められていった。

南北の融和は日米の北朝鮮政策にも大きな影響を及ぼした。当時のクリントン政権は、カリスマ的指導者である金日成亡き後の北朝鮮の「早期崩壊説」を捨てて、「あるがままの北朝鮮」を交渉相手とする方針へと転換し、歩み寄る姿勢を見せた。二〇〇〇年には趙《チョ》明禄《ミョンロク》国防委員会第一副委員長がワシントンを訪問し、「双方は、どちらの政府も他方に対して敵対的な意思を持たない」との宣言を盛り込んだ米朝共同声明を発表（邦訳はラヂオプレス編『重要基本資料集「北朝鮮の現況2004」』RPプリンティングより）、さらにオルブライト国務長官が平壌を訪問した。また、一九九九年には村山《むらやま》訪朝団が平壌を訪問し、日朝国交正常化交渉再開を合意するなど、南北、米朝、日朝というバイラテラルな（二国間の）関係が重なり合いながら、事態は進展するかに見えた。

北朝鮮問題と多国間の枠組み

朝鮮半島の和平と統一は、単なるエスノセントリックなナショナリズムから来る願望ではなく、東北アジアの安定のためにも実現すべきものである。これは、東西ドイツの統一がドイツ一国の問題を超えてヨーロッパ統合に向けてのプロセスとなったことと同様だと言えるだろう。

前述のように、ドイツとフランスはヨーロッパの統合に向けて協力関係を築いていたが、ベルリンの壁が崩れ、ドイツで急速に統一への機運が膨れ上がったことに対し、フランスは強い警戒心を抱いた。イギリスのサッチャー首相や、ナチス時代を記憶するドイツ近隣の国々からも、統一ドイツ誕生に対する反対の声が挙がった。もしドイツ・ナショナリズムの観点だけから統一が進められていたとしたら、これらの国々との間で大きな軋轢が生じていただろう。

「ヨーロッパの分断とドイツの分断は同じ」というレトリックを巧みに使ったからこそ、ドイツ統一はヨーロッパ全体の問題として共有されたのである。コール首相がミッテラン大統領の提案を受け、最強通貨だったドイツ・マルクを捨て、欧州単一通貨のユーロ採用に踏み切ったのも、「ヨーロッパのドイツ化ではなく、ドイツのヨーロッパ化」を表すための政治的決断だった。

ドイツ統一という先行事例は、南北統一を目指す韓国の指導者たちにも影響を及ぼした。金大中氏の後継者であった盧武鉉《ノムヒョン》氏が二〇〇三年の大統領就任演説で「東北アジア」の「繁栄の共同体」「平和の共同体」を目指すと語ったように、朝鮮半島の統一をナショナルな目標ではなく、東北アジア全体の問題として訴えることは、ナショナリズムを止揚し、地域全体の和平と安定という新しい次元に向かわせることを意味していた。

朝鮮半島の平和にとって最大の障壁は、北朝鮮の核問題である。友好関係にあった東欧の共産国家が相次いで倒れ、韓国との国力差が明らかになり、北朝鮮は生き残りをかけて核開発に邁進《まいしん》した。核問題によって交渉を有利に運ぼうとする北朝鮮の瀬戸際作戦は、周辺諸国の安全保障を揺るがす喫緊の関心事となった。

北朝鮮が内部崩壊する可能性がないのであれば、東北アジアのシステムの中に引き入れる以外に、この地域の安定を図る方法はない。二〇〇三年から開催されてきた南北朝鮮と日米中露による六者協議は、朝鮮半島の非核化を多国間関係の枠組みの中で実現すべく交渉を進める場であった。IAEA（国際原子力機関）による核査察を拒否し、NPT（核兵器不拡散条約）からも脱退した北朝鮮に対して、既にイラク戦争の開戦に踏み切っていたアメリカは、米朝の二国間だけで問題を解決するのではなく、大国化しつつあった中国も含めた周辺諸国に責任を分担させ、北朝鮮の動きを牽制《けんせい》しようとした。一方、中国は六者協議を自らの影響力を東アジアに増大させる好機と捉え、韓国以外の参加国は南北の固定化を前提とした朝鮮半島の安定を望むなど、複雑な思惑が交差する中で、議論はしばしば混乱に陥った。

それでも、成果がなかったわけではない。紆余曲折《うよきよくせつ》を経て二〇〇五年に開催された第四回六者協議では、初めて共同声明（「第4回六者会合に関する共同声明」）が採択された。

前文の「朝鮮半島及び北東アジア地域全体の平和と安定のため」という文言においては「北東アジア」という地域主義的な言葉が引き出されており、北朝鮮が「すべての核兵器及び既存の核計画を放棄すること、並びに、核兵器不拡散条約及びＩＡＥＡ保障措置に早期に復帰すること」が約束された。同時に、アメリカが「朝鮮半島において核兵器を有しないこと」、および北朝鮮に対して「核兵器又は通常兵器による攻撃又は侵略を行う意図を有しないこと」が確認され、韓国が「その領域内において核兵器が存在しないことを確認する」と定められた（邦訳は外務省ウェブサイトより）。米朝や日朝の国交正常化への措置が約束された第二項などでは、未来の多国間安全保障機構につながる可能性も示された。

しかし、この共同声明がそのまま次のステップに進むことはなかった。二〇〇七年に第六回六者協議が開催されて以降、多国間の交渉は行き詰まった。背景のひとつには、韓国の盧武鉉大統領が低い支持率で退陣し、保守派の李明博政権が誕生したのに伴い南北融和路線が途絶えてしまったことや、日本で第一次安倍《あべ》政権以降、短期政権が続いたことなど、周辺国の不安定な政治情勢の影響があった。

北朝鮮に対する強硬姿勢を続けたブッシュ政権に次いで発足した民主党のオバマ政権は、

「戦略的忍耐」の名の下に朝鮮半島分断の現状維持を選択し、日韓は歴史問題や竹島をめぐる対立などから身動きが取れずにいた。

六者協議の途絶は、日本、中国、ロシア、アメリカという四つの大国がひしめき合う「東北アジア」で、EUのような一定の政治的意図から制度化のプロセスを進めていくことの難しさを痛感させた。それでも、度重なる障害を乗り越えて六度にわたり六カ国が協議を行い、今後につながる共同声明を採択したこと自体は、朝鮮半島の平和と安定に向けたひとつの成果であったと言えるだろう。北朝鮮の核の脅威がありながらも、「六月の砲声」が再び繰り返されることは、辛うじて阻止されたのである。

五カ国の外交官の共通認識

進むかに見えて後退を繰り返す事態に翻弄されながらも、私は「東北アジア共同の家」についての発言を続けていた。一九九八年に東京大学に職を得たことは、私にとっては単に職場が変わったというだけの出来事だったが、記録されている限り最初の「在日」東大教授だなどと言われ、周囲の反応は賑《にぎ》やかだった。「東大教授」の肩書きは、ますますメディア出演の機会を増やすことにもつながっていった。私はメディアに「消費」されずに、メディアの海を強かに泳ぐことができるのだろうかと戸惑いながらも、大学とメディアの間を往復した。

二〇〇一年三月、私は第一五一回国会衆議院憲法調査会に招かれ、調査会委員の国会議員たちを前に発言する機会を得た。六ヶ月後に9・11が起こるのだが、このときはまだどこかに冷戦後の楽観的な空気が残っていた。私は、「今日は大日本帝国の憲兵だった叔父を持ち、熊本に生まれ育ったメード・イン・ジャパンの『在日』の立場から話をしたい」と前置きし、「東北アジア共同の家」を「絵に描いたような理想的な話」だと断りつつ、「二一世紀のあるべき日本の姿」を示すキーワード、ビジョンとして、政治家に掲げてほしいという願望を語った。

私が日米関係を「真に対等な関係ではない」と批判したときには、親米派で知られる重鎮の自民党議員が席を立つのが目に入ったが、意見を同じくしない委員たちともそれなりに建設的な議論ができたのではないかと思う。

しかし、9・11後、そうしたユーフォリア（多幸感）に満ちた気分は一気に吹き飛んだ。

アメリカから「悪の枢軸」と名指しされた北朝鮮は強硬姿勢に転じ、「太陽政策」で進展したかに見えた南北朝鮮関係も急速に冷え込んでいった。ミサイルを発射し、核開発を強行する北朝鮮に日本の世論は激しく反発した。さらに、二〇〇二年の小泉《こいずみ》訪朝で北朝鮮による日本人拉致被害者の存在が正式に認められたことで、その激しさは最高潮に達した。

世論の激昂《げきこう》にときに萎縮しつつも、私は「東北アジア共同の家」という理想を捨てることはなかった。数えきれないほどの誤解や曲解を受ける一方、北朝鮮がいつミサイルを発射したり核実験を強行したりしてもおかしくないと、緊張する日々が続いた。ともすれば挫《くじ》けそうになる気持ちを奮い立たせたのは、再び朝鮮戦争の悲劇が起こってほしくないという切なる願いであった。

二〇〇五年、私は職場である東京大学に交渉し、安田講堂で「朝鮮半島の共存と東北アジア地域協力」と題するシンポジウムを開催した。基調講演に金大中前韓国大統領を迎え、キャスター・ジャーナリストの筑紫哲也《ちくしてつや》氏を司会に、羅鍾一《ラジョンイル》韓国大使、アレクサンドル・P・ロシュコフ駐日ロシア大使、マイケル・W・マハラック・アメリカ大使館首席公使、程永華《ていえいか》中国大使館公使、田中均《たなかひとし》外務省外務審議官による討論会が行われた。今では考えられない錚々《そうそう》たる顔ぶれもさることながら、北朝鮮を除く六者協議のメンバーである日米韓中露の外交官たちが一堂に集い、意見を闘わせたという、そのこと自体が画期的だった。

討論会で各国の外交官たちが異口同音に述べたのは、「朝鮮半島での武力衝突は望まない」「多国間の枠組みの中で北朝鮮の問題を解決していくべきだ」ということだった。利害の対立はありながらも、こうしたコンセンサスが見られたことは、このシンポジウムのひとつの大きな収穫だった。シンポジウムの実施を危ぶむ声もあった中、満員の会場を前に、私は胸を撫《な》で下ろした。

近づいては遠のく和平

「東北アジア共同の家」は、今や忘れ去られたビジョンかもしれない。この三〇年は「東アジア地域統合」への梃子《てこ》になり得る東北アジアの地域統合が潰《つい》えていくプロセスだったように思う。二〇〇〇年代に盛んに論じられた「東北アジア」「東アジア」という言葉を聞くこともめっきり少なくなった。

大国化する中国の脅威は、二〇二二年のロシアのウクライナ侵攻によってにわかに現実味を増した台湾侵攻とセットで語られ、米中対立が激しくなればなるほど、韓国がファシリテーターとして動く余地は狭められている。一方、北朝鮮が欧米から経済制裁を受けているロシアに武器を供与しているという疑惑が浮上するなど、状況はさらに複雑化の一途を辿っている。ジョヴァンニ・アリギは、冷戦後にアメリカのユニラテラリズムが挫折し、それと併せて中国が急速に台頭すること、そして、それに対抗するために新西洋主義のような形で太平洋同盟が立ち上がるが、アメリカ一国だけではもはや帝国的なヘゲモニーがつくれないため、ヨーロッパと連合を組むことを見通しているが、今起きている事態はまさにこの予測に近いと言えるだろう。

「東北アジア」の周辺諸国が共同で取り組むはずだった北朝鮮の核問題も、六者協議の再開はおろか、膠着《こうちゃく》したままで、解決の糸口は一向に見出せていない。二〇一七年、アメリカのトランプ大統領と北朝鮮の金正恩《キムジョンウン》委員長は互いを「ロケットマン」「老いぼれ」などと罵《のの》り合い、トランプ大統領の「北朝鮮を完全に破壊するしかなくなる」という宣戦布告とも受け取れる発言に対し、北朝鮮は水爆実験をほのめかし、あわや一触即発かという事態に陥った。日本のメディアでは「米朝もし戦わば」などと戦争熱に取《と》り憑《つ》かれた禍々《まがまが》しい言葉が行き交い、私は陰鬱《いんうつ》な気持ちになりながらも、六者協議を通じた東北アジアでの平和構築という持論を説き続けたが、そんな楽観論はほとんど一顧だにされなかった。

しかし、これまでの米朝交渉を見てきた私は、この戦争ムードが一気に反転し、平和的交渉が始まる可能性を感じていた。北朝鮮がアメリカ本土を射程に入れるとする大陸間弾道ミサイル「火星《ファソン》15」の実験成功を「国家核戦力完成の歴史的大業」と宣言したことも、核やミサイル実験に一区切りをつけ交渉のテーブルにつこうと模索する予兆に思えた。韓国では金大中、盧武鉉の系譜を継ぐ文在寅《ムンジエイン》政権が発足し、「前のめり」と批判されるほどに南北融和を積極的に働きかけていたことにも注目が集まった。

予感は現実のものとなり、二〇一八年の新年の辞で、金正恩は二月に韓国・平昌《ピョンチャン》で行われる冬季オリンピックへの参加を表明した。その後の急展開はまだ記憶に新しい。四月には一〇年半ぶりとなる南北首脳会談が板門店で実現し、両首脳が手をつないで軍事境界線を越えた。さらに五月、九月と立て続けに南北首脳会談が行われた一方で、六月には史上初めてとなる米朝首脳会談がシンガポールで開催された。メディアは大騒ぎでトランプと金正恩の一挙手一投足を追いかけたが、私は一連の経緯を高ぶった思いで見つめながら、「既視感がある」と、どこか冷めた気持ちだった。

時を追うごとに、具体的な成果が得られないことが明らかになると、盛り上がった和平ムードは萎《しぼ》み、二〇一九年の二度目の米朝首脳会談後、再び交渉は袋小路に入り込んだ。「まるでギリシア神話の『シーシュポスの岩』のようだ」と、私は思った。神々の怒りを買ったシーシュポスに与えられた罰は、大きな岩を山頂に押し上げることだったが、あと少しというところまで至るたびに岩は無情にも転がり落ちていく。永遠に終わることのない彼の苦行が、近づいては遠のくことを繰り返す朝鮮半島の和平への道筋に重なって見えた。

おそらく「シーシュポスの徒労」はこれからも続き、古希を超えた私が朝鮮戦争の終結を見届けることはもはやないだろう。たとえそうであっても、少しでも岩を押し上げる以外に道はない。「いっときは反動的に揺り戻しが起こることはあっても、長い目で見れば、歴史は必ず前進するのです」という金大中氏の言葉通り、歴史の螺旋《らせん》階段を上り続けていけばいつか「和平」という目的地にたどり着くことを、私は強く信じている。

未発の可能性としての「東北アジア共同の家」

振り返れば、冷戦後の日本はパックス・アメリカーナ一辺倒ではない新たな秩序を構想するかどうかの分岐点に立っていたと言えるだろう。日米関係を堅持しつつ東アジアにも軸足を置くいくつかの兆しは見られたが、それらがことごとく潰えていったのは、日米安保を基軸とする戦後体制の中で「平和」と経済的繁栄を享受してきた日本で、現状維持の力学が強く働いたためではないかと考えられる。

二〇〇七年に自民党総裁選に出馬した福田康夫《ふくだやすお》は「東アジア共同体の実現」を公約としたが、約一年で首相を退任している。二〇〇九年に政権を奪取した民主党の鳩山由紀夫《はとやまゆきお》首相も「東アジア共同体」構想を唱えたが、それも束《つか》の間《ま》、結局は日米同盟という二国間関係重視へと立ち戻っていった。

二〇一二年からの安倍長期政権で、対米重視路線は一層強められ、日本は「極東のイギリス」としてアメリカのジュニアパートナーの道をひたすら歩んでいるように見える。しかし、アメリカをハブ（中軸）とする二国間関係が強固になればなるほど、日本は米中対立に巻き込まれていく恐れが強まる。二〇二二年一二月、岸田《きしだ》政権は、防衛費を二〇二三年度からの五年間で総額四三兆円とする方針を打ち出し、アメリカ製のトマホーク巡航ミサイルの配備などを発表した。日本のメディアは再び好戦ムードに沸いているが、米軍基地を擁する沖縄では、中国との軍事衝突が起きることへの危惧が高まっている。

安倍政権が掲げた「自由で開かれたインド太平洋戦略」によって東北アジアからインド（アジア）・太平洋への地政学的な焦点移行が起きたことも、重要なポイントである。インド洋と太平洋というふたつの海域にまたがる広大な地域において、「法の支配を含むルールに基づく国際秩序の確保」「航行の自由」「紛争の平和的解決」「自由貿易の推進」を通じ、この地域を「自由」で「開かれた」ものにするという「インド太平洋戦略」は、中国の「一帯一路《いったいいちろ》」構想（陸路と海路の両方で中国からヨーロッパまでを経済的に結ぼうという構想）に対する封じ込め戦略であり、二〇一七年にはトランプ政権がこれを採用している。

バイデン政権も就任後の日米首脳共同声明で「自由で開かれたインド太平洋を形作る日米同盟」との文言を使っており、さらに二〇二二年二月には「インド太平洋戦略」を発表している（「バイデン米政権、『インド太平洋戦略』を発表」、「ＪＥＴＲＯ」ビジネス短信、二〇二二年二月一四日より）。「（同地域における）情報公開および表現の自由を強化し、他国による干渉とも戦う」とし、「パートナー国とともに台湾海峡の平和と安定を維持し、台湾の将来が彼らの願いや利益に基づいて決められる環境を確保する」という文言は、「デジタル専制国家」の道を突き進み、香港の言論の自由を封殺し、台湾に対する圧力を強めつつある昨今の中国を強く意識したものだと言えるだろう。同戦略には「米国は朝鮮半島の完全な非核化を実現し、北朝鮮による人権侵害に対処するために対話の継続を求め、同国の挑発に対応できるよう韓国および日本との拡大抑止や連携を強化する」ともあるが、その具体的な方策は不明である。二〇二二年五月には、日米豪印（ＱＵＡＤ）の首脳会合が東京で開かれ、「自由で開かれたインド太平洋」の実現に向けた協力が改めて確認された。

一方、韓国では、文在寅の次の大統領となった保守派の尹錫悦《ユンソギヨル》大統領が二〇二二年一二月に独自の「インド太平洋戦略」を発表しており、日米と同調し、米中対立の世界的な脈絡の中に組み込まれる道へと一歩を踏み出したように見える。しかし、韓国が日本と異なるのは、最大の貿易相手国である中国と同盟国・アメリカとの間でバランスを取る方策も模索している点だ。

その一例として、二〇二二年、台湾訪問後に来訪した米民主党のナンシー・ペロシ下院議長に対し、尹錫悦はソウルにいたにもかかわらず休暇中を理由に面会しなかったことが挙げられる。これは台湾問題に神経をとがらせる中国への配慮と受け取れるが、おそらく政権内に中国との全面的な対峙関係は避けたいという合意があるのだろう。同時に、台湾有事と朝鮮半島有事を切り離すことで、台湾有事の際に韓国軍の出兵を避けたいという思惑も透けて見える。

逆に、こうした「インド太平洋」の枠組みの中に積極的に加わろうとしているのがイギリスである。二〇二〇年にEUを脱退したイギリスは翌年、「インド太平洋地域において低下したプレゼンスを回復させる」と、二〇年ぶりに同地域への空母の派遣を行ったが、その前段には二〇一七年に日英の間で結ばれた安全保障協力の約定があった。新たな「日英同盟」とも呼ぶべき軍事協力は、二〇二三年一月には互いに軍隊を容易に派遣できる「円滑化協定」の取り決めに進むなど、「準軍事同盟」へとレベルアップしている。このような状況を見るにつけ、かつて、ある外務官僚が「姜さん、日本はアングロ・サクソンとさえうまくやっていればいいんだよ」と言い放った言葉を思い出してしまう。

対立が深まる一方の現状に、当初からあった「東北アジア共同の家などユートピアだ」という批判は的を射ていたという見方もできる。だが、三〇年の間に少しでも「東北アジア共同の家」のビジョンが実現されていれば、今のような危機的状況には陥っていなかったのではないだろうか。その観点から、未発の可能性としての「東北アジア共同の家」を改めて見直すことには意義があるはずだ。「友敵関係」に分断され、対立が深まる世界の中で特に強調したいのは、たとえどんなにそぐわなくても、われわれは異質なものとも共存しなければならないということだ。これこそ、イギリスの哲学者アイザイア・バーリン（一九〇九〜一九九七）が遺《のこ》した良質な保守思想の真髄ではないか。

異質なものと共存する

私がそのことを深く心に刻んだ最初の機会は、（統一後のドイツも含めて）一八年の長きにわたり西ドイツの外相を務め、冷戦の終結とドイツ統一に尽力したハンス・ディートリッヒ・ゲンシャーとの出会いであった。

一九九五年、戦後五〇年を記念して開催された新聞社主催のシンポジウムで、パネリストのひとりだった私は、彼と言葉を交わす機会を得た。シンポジウム終了後のレセプションの席で、たどたどしいドイツ語で話しかけた私に、「今度はあなたの国の番ですね」と答えてくれたゲンシャーの笑顔が忘れられない。偉大な政治家の励ましに、私は涙が落ちるくらい感動した。

「私は、戦前にはヒトラー・ユーゲントの一員だった。戦後は連合国の捕虜になり、東ドイツ自由民主党（LDPD）に参加したが、西ドイツに亡命して政治家になった。そのころは朝起きると、東ドイツがなくなってほしいといつもお祈りをしていた」と、ゲンシャーは語った。それほど、東ドイツに対する憤懣《ふんまん》は激しかったのだ。だが、彼は外交の場において、そうした個人的な憎しみを抑制した。「どんなになくなってほしくても、東ドイツは存在する。存在するものをないというのは文学であって、ある以上は交渉するのが政治だ」という彼の言葉は、理に則《のっと》った現実的な外交の真髄を感じさせた。

しかし、ゲンシャーの外交は「リアリスト」たちからの批判にもさらされた。ソ連邦にミハイル・ゴルバチョフが登場したとき、いち早く支持したのはゲンシャーだったが、当時、アメリカや他の西側諸国はこれを「ゲンシャリズム」と冷笑した。結局、時代の趨勢《すうせい》を見抜いていたのはゲンシャーの方で、東西ドイツ統一の難しい舵取りを、彼はゴルバチョフの協力も得ながら進めていったのである。ゴルバチョフもまた、「敵」に歩み寄り、自分が変わることで相手を変えようとした政治家のひとりだった。

ゲンシャーが主導した「東方政策」は東西ドイツ統一の伏線となったが、これは一九六〇年代後半から西ドイツの首相を務めたウィリー・ブラントや、その腹心であるエゴン・バールが唱えたものであった。建国後の西ドイツはアデナウアー政権の下、第二次世界大戦で戦ったフランス、イギリスと和解する「西方政策」を取った。

しかしその後、米ソの核軍拡競争が激しさを増す中で、その最前線であるドイツは核戦争の舞台になるのではないかという危惧から、ブラント政権はそれまで存在そのものを認めていなかった東ドイツと接近し、ソ連邦や東ヨーロッパの共産圏とも対話を重ねた。その地道な努力が、それから約二〇年後にドイツ統一を実現させたのである。

ドイツはソ連邦に代わって成立したロシア連邦との関係を深め、四期一六年に及んだメルケル首相の在任時には、天然ガス・エネルギー供給をロシアに依存するほどまでになった。ロシアのウクライナ侵攻を受けて、東方政策は誤りだったとする声もあるが、それはドイツ統一に至るプロセスをまったく無視した議論だろう。

アジアにも、異質な相手を否定するのではなく、共存を目指す動きがあった。韓国民主化後の政権で中国、ソ連邦や東ヨーロッパ共産圏の国々と国交を結ぶ「北方政策」が実施されたのは、そのひとつの表れだった。「北方政策」の眼目は、中国やソ連邦と国交を結ぶことで韓国の国連加盟への道を開くと同時に、共に自らの正統性を主張していたために国連に未加盟であった南北朝鮮の国連同時加盟を果たすことだった。「北方政策」は、その後の「太陽政策」へと連なる「異質なものとの共存」への転換だったと言えるだろう。

金大中氏ほどその重みを理解していた政治家はいない。軍事独裁政権下で弾圧された彼は誰よりも「独裁者」を憎んでいながら、他方では「朴正熙《パクチヨンヒ》大統領と一度でいいから会って、私はあなたの敵ではない、あなたも私の敵ではない、私たちはライバルだと言いたかった」とも語っていた。北の独裁者との対面に臨んだときにも、金氏の根底にあったのは、たとえ相容《あいい》れない独裁者が相手であっても、絶対に戦争を避けたいという固い信念だったはずだ。

「人も国も、寛大な態度が重要です。『対話』で解決すること、『力』で解決しないこと。

このふたつが、人類が平和的に共存していくための道だと、私は信じています」
亡くなる少し前の金大中氏と対面したときのこの言葉は今も、私の心を打つ。それはバーリンの言葉に通じる保守主義の最良の部分を表しているからだ。

対照的に、自分を曲げず、異質な相手を自分の価値観に沿うものへと変えようとするのは、むしろリベラリズムを標榜する政治家にありがちな傾向ではないか。リベラリズムは自分たちが「普遍性」を独占しているという意識の上に成り立っており、常に「自分たち以外」が変わるべきだと考えがちだ。

「グローバル・スタンダード」を旗印とするリベラリズムの大国アメリカは、ゲンシャーやブラント、ゴルバチョフ、あるいは盧泰愚《ノテウ》や金大中氏のように、未《いま》だかつて自らが変わり、相手の側に歩み寄ろうとしたことがあっただろうか。

そうしたリベラリズムに対抗し、分断を超えて異質なものと共存していくための方策は、もとより排外的なナショナリズムではなく、ウォーラーステインが「われわれが創造すべきもの」とした「グローバルな普遍的価値」にこそ求めなければならない。では、その可能性はどこに見出せるのだろうか。このアポリア（難問）に悩んでいた私は、図らずも故郷の熊本で、その手がかりと出会うことになったのである。

第四章　個別的「普遍主義」の可能性

――西欧とアジアの「認識論的・存在論的分断」を超えて

アジアから生まれる新たな「普遍」

アジアを考えるとき、必ずその裏側には西洋の存在が隠されている。

突き詰めれば、アジアとはどこまでも他律的につくられた概念であり、「人権」「民主主義」「文明」といった西洋の「普遍」との遠近でその存在の価値が測られてきたと言える。いみじくも福澤諭吉《ふくざわゆきち》が『文明論之概略』において文明（＝「普遍」）を「人類の目指すべき最大の目的」だとしたように、近代の洗礼を受けるということは、西洋がもたらした「普遍」にいかに近づくかということを意味した。

だが、「普遍」に靡《なび》き、「普遍」ではないアジアとの差異化を図りながら、いち早く近代世界に「化体《かたい》」したかと思われた日本は、西洋と完全に同化することはなかった。天皇制や家族制度、教育勅語、大日本帝国憲法、軍人勅諭など、中核をなす社会制度と思想の中に「東アジア世界の特性の残滓《ざんし》」が生き続けてきたからだ。近代日本が選んだのは、西洋とアジアというふたつの世界を棲《す》み家《か》とする「両生動物」的で自在な立ち位置だった。

日本の近代は、自分たちは「普遍」からずれている、未《いま》だ「普遍」に到達していないという欠如感を抱え続ける一方、自らのアイデンティティとは何なのか、それに悩み続けてきた歴史だったと言える。二一世紀の現在、「アメリッポン（アメリカ＋ニッポン）」とも呼べる形での超大国アメリカとの一心同体化が進んでいるとはいえ、地政学的にも、歴史的にも日本列島が東アジアに位置し、「中華文明圏」の伝統が息づいていることは否定しようもない事実である。

米中対立という、これまで経験してこなかった世界的な分断と対立の中で日本はどのポジション取りをしたらいいのか、多くの人々がアンビバレントな気持ちを拭えないのではないだろうか。この意味で「アジア」と「西洋」の認識論的・存在論的な対立は形を変えて今も存続しているのである。

逆に言えば、このような状況は、そうした対立を「止揚《アウフヘーベン》」し、新たな「普遍性」を目指す地平が未だ見えていないことを示している。近代の約二〇〇年間、「欧米化」を「普遍」たらしめる構造はずっと続いてきたのである。

だが、そのような「普遍」の最も強力な「伝道師」と思われてきたアメリカのヘゲモニーに翳《かげ》りが生じ、世界の多極化とともに「周辺」や「準周辺」と位置づけられてきたアジア諸国が世界システムの中核的な部分に躍り出ようとしている。あたかもアーリーモダンの豊かで多様性にあふれた帝国が併存しつつあるかのように見える。

しかし、そうした「リオリエント（Re-Orient）」を単に言祝《ことほ》ぐだけでは、サイードが「オクシデンタリズム」と呼び、ウォーラーステインが「反ヨーロッパ中心主義的ヨーロッパ中心主義」として批判した陥穽《かんせい》から抜け出せないはずだ。たとえ中国がアメリカに代わる覇権国家として君臨することになっても、歴史家のエリック・ホブズボームが二一世紀の決定的な難問（アポリア）と呼んだ地球的な問題を解決できるとは到底思えないからだ。

科学技術を用いる経済が生み出す力はあまりにも大きく、環境、つまり人間の生活を物質的に支えている基盤を破壊している。人間が住む社会の構造そのものが、資本主義経済を支える社会的基盤も含め、人類が過去から継承したものが蝕《むしば》まれていくなかで、壊されようとしている。われわれの世界は、外的爆発と内的爆発の両方の危険性に晒《さら》されている。

（『20世紀の歴史』下巻、大井由紀訳、ちくま学芸文庫）

気候危機などにより資本主義の生態系的な限界が明らかになりつつある中、「アジア」という概念が認識論的にも存在論的にも有意性を持つとすれば、それはアジアが新たな生態系と社会基盤のモデルを指し示すことができるかどうかにかかっている。そのモデルは、「外的爆発と内的爆発」の危険性を生み出してしまった西洋の「近代性（Modernity）」とは異なるものでなければならない。そして、それこそがウォーラーステインが「われわれが創造すべき」だとした「グローバルな普遍的価値」となるに違いない。

では、アジアから生まれる新たな「普遍」とはどのようなものなのか。そもそも、これまでの長い歴史の中で、現在の「グローバル・スタンダード」のような、世界が従うべき価値の尺度をアジアが自らつくり出したことは、果たしてあったのだろうか。アジアはあくまでローカルでパティキュラー（個別・特殊的）な、普遍性とは無縁なトポス（場所）でしかなかったのか。

これらの問いを探っていく上で、ひとつの鍵となるのは「公共」の概念である。ホブズボームは「差し迫った生態系の危機を食い止めるために」「新しい千年紀、人類の運命は公的な権能が復活できるか否かにかかっている」と述べている（同前）が、そうした「公的な権能」の理念の鉱脈を、私はひとりの熊本人に見出《みいだ》した。その人の名は、幕末の思想家・横井小楠《よこいしょうなん》（一八〇九〜一八六九）である。

熊本という郷土（パトリ）

横井小楠について述べる前に、彼を生んだ我が郷土・熊本とはいかなるところなのか、私自身との関係も含めて、少し前置きをしておきたい。

横井小楠だけではなく、宮崎滔天《みやざきとうてん》、徳富蘇峰《とくとみそほう》・蘆花《ろか》兄弟、現代に入っては石牟礼道子《いしむれみちこ》、渡辺京二《わたなべきょうじ》、谷川雁《たにがわがん》……これらの傑出した人物が活躍した熊本は、いわば近代以来の日本の矛盾を孕《はら》んだ場所である。

熊本は近代に入ると九州における中央統括行政の中心地となっただけではなく、熊本市に九州最強の第六師団本部が置かれるなど、屈指の軍都でもあった。いきおい、熊本は活気に満ちた発展を享受することとなったが、その陰で血生臭い歴史が刻まれたことも忘れてはならない。

九州の中央に位置するという地政学的な条件から、熊本は九州の北と南の勢力が衝突する舞台となり、明治国家成立直後の混乱期には、国家の存続を揺るがす内戦が起こった。

私自身も、そうした内戦の記憶が残る場所で生まれ育った。五歳まで暮らした集落に隣接する花岡山《はなおかやま》には、神風連《じんぷうれん》の乱（一八七六年に熊本で起こった不平士族による反乱）の官軍墓地（花岡山陸軍埋葬地）と西南戦争の薩摩《さつま》軍砲座の址《あと》がある。内戦で反政府の側に身を投じた熊本人も少なくなかったが、戦争が官軍の勝利で終わった後、彼らは生き延びるためにより強く国家の神輿《みこし》を担ぎ、国権主義の急先鋒となる人々も現れるようになった。

一八七九年に創立された私の出身校・県立済々黌《せいせいこう》高校も、そんな熊本の矛盾を体現する学校だった。創立者の佐々友房《さっさともふさ》は、西南戦争で薩摩軍として戦い、敗戦後に「逆賊」から官軍側に転じてからは政治結社「紫溟会《しめいかい》」を率いた。「皇室中心・国家主義」を掲げた彼により、国家のための学校として設立されたのが我が母校である。そのような国権主義的な学校でありながら、一九一三年には宮崎滔天が孫文《そんぶん》と共に来校した歴史も持ち、一筋縄ではいかない熊本の両面性が感じられる。

私が入学したころも、済々黌にはそうした気風が脈々と受け継がれていた。創立をめぐる背景を詳しくは知らずとも、私は弊衣破帽《へいいはぼう》のバンカラな校風に二律背反的な感情を抱いていた。自分のルーツに関わるアイデンティティの葛藤を抱えた内向的な「煩悶《はんもん》青年」にとって、バンカラな「蛮勇」は眩《まぶ》しく見えるとともに、強い違和感を覚えざるを得なかったのである。特に小学校のころからひたむきに打ち込んできた野球の部活から離れてからというもの、高校生活は灰色にくすんで見え、暗鬱《あんうつ》な日々が続いた。

尚武《しょうぶ》の気風が強く、軍都でもあった熊本は、アジア経略論が武勇伝のように語り継がれる伝統があった。そのため、既に第一章でも触れたように、日本史の時間は、私にとってかなり苦痛だった。教科書の中の朝鮮半島は、神功《じんぐう》皇后の「三韓征伐」に始まり、任那《みまな》日本府、それから突如、時代が飛んで豊臣秀吉による文禄《ぶんろく》・慶長《けいちょう》の役（壬辰倭乱）が取り上げられ、次に出てくるのが江華島《こうかとう》条約、そして韓国併合、太平洋戦争後の朝鮮戦争……といった有様だった。当時は江戸時代の朝鮮通信使の記述はほとんどなかったのではないか。

誇るべきものが一切欠落し、周辺の国々にパラサイトするしか術《すべ》のない、およそ国家の体をなさない懦弱《だじゃく》な国、それが父と母の国、自分のルーツとなる国に対して私が抱いていたイメージに他ならなかった。

後に、アメリカを代表する現代コリアの専門家として著名なブルース・カミングスの『現代朝鮮の歴史』（Korea's Place in The Sun:A Modern History, 1997. 横田安司・小林知子訳、明石書店）を読み進むうちに、学校での日本史の授業のことが遠い記憶の中から蘇《よみがえ》ってくるようだった。近代以後、日本は太陽に向かって羽ばたくギリシア神話のイカロスのように隆々たる歴史を歩み、朝鮮半島は飛べる翼すらへし折られてしまった敗者の歴史を歩んだ——あらましこんな記述に出会《でくわ》したからだ（もっとも、神話のイカロスは、蠟《ろう》付けの翼が太陽の熱で溶けて海中に墜落するのだが、確かに日本も先の大戦で同じような運命を辿《たど》ることになった）。

このように熊本は、思春期までの私にとってアンビバレントな存在だったのである。

「パトリ」の再発見

熊本は私にとってまごうかたなきハイマート（Heimat、故郷）だが、私は長くハイマートロース（Heimatlos、故郷ロス。ふるさとがない）の心境だった。大学進学のために上京して以来、「熊本を離れたい」という望みの通り、私は人生の大半を熊本から離れて過ごし

てきた。ところが、老境にさしかかるころから、熊本との関わりが深まっていくようにな
った。

熊本地震が起きた二〇一六年には熊本県立劇場の館長に就任し、熊本出身の映画監督・行定《ゆきさだ》勲《いさお》が熊本県の後援を受けて同年に製作した短編映画『うつくしいひと』に、準主演として出演するという得難い体験もした。

変貌する故郷の中に立つと、思い出の中の故郷とのギャップに時折メランコリックな気分に襲われるが、同時に適度の距離感がもたらしてくれる心地よい気分も捨て難い。それは、故郷との距離感だけでなく、自分自身とのそれも含んでいる。だからこそ、古希を超えた今は余裕をもって故郷・熊本を見ることができるようになったのではないだろうか。

過去には「貧しく惨めな」イメージの中に沈み込んでいた「在日」と、準最貧国だった韓国は、共時的存在として受け止められていた。第一章で述べたように、私の初めての訪韓体験は「カルチャー・ショック」の連続だったが、「在日」を通じて韓国へとつながるリアルな回路が実感できたのも確かである。私にとって、「在日」である自分は何者なのかという問いは、どこかで韓国・朝鮮との関係において世界を見ていくことにつながって

いた。

しかし、日本と韓国との間にあった格差が縮まってくるにつれ、私の中でナショナリティの意識は次第に希薄になるばかりだった。

今や日本も韓国も似たような経済構造と社会問題を抱え、少子高齢化の「フロントランナー」になってしまった。国民の生活水準は高くなったとはいえ、若者世代は恵まれず、社会に幸福感が希薄な状況は両国に共通していると言えるだろう。両者の間にはかつてのような圧倒的な上下関係や貧富の差は見られず、宗主国と植民地という歴史的な違いだけでは解消できない問題が、日韓両国のみならずアジアも含めたグローバル化の負の部分として、社会そのものの再生産を危うくしかねなくなっている。

日本と韓国は「相似形」のように、「ポスト成長」社会への離陸（テイク・オフ）に挫折したまま、どちらも社会がシュリンク（収縮）しつつあるように見える。

そうした状況の中で、私の関心の所在は、「在日」や植民地支配の歴史といった問題の「特殊性」から、より「普遍的な」問題の次元へと移行していった。そしてその過程で、自分の中で「パトリ（故郷）」という視点が抜け落ちていたことに気づいたのである。自分にとってのパトリはどこかと考えたとき、それはやはり熊本以外のどこでもなかった。「パトリ」としての熊本での記憶の重要性に思い至ったのには、もはや熊本から「在日一世」たちがいなくなってしまったことも関係している。九州の中央に位置する熊本では日露戦争が終わったころから、朝鮮半島から来た人々が貴重な労働力として山間部で鉄道を敷設する仕事に就いていた。底辺の労働者として日本社会で生きていた彼らは、蔑視や偏見の対象であった。私が生まれ育った集落では、「在日」はもっぱら養豚やヤミのどぶろくづくりで生計を立てていた。

二一世紀に入り、母が亡くなった後に、かつて家族で暮らしていた集落を歩いたときのことだ。すべてはコンクリートの下に埋もれており、一〇〇世帯以上の「在日」が熊本駅を見下ろす万日山《まんにちやま》の麓《ふもと》で、過去に生活を営んでいたことの痕跡を思い出させるものは何ひとつ残されていなかった。九州新幹線の開通に伴って改修された真新しい熊本駅に降り立つたびに、私は心の中の原風景が失われていることを思い、時には寂寞《せきばく》とした感情が込み上げてくることがあった。ここに「在日」の集落があったことはもはや忘れ去られている。

当時の住人たちはいったいどこに行ってしまったのか。私の家族のように運よく家業を軌道に乗せ、それなりの居場所を見つけ出した家族もあり、逆に運悪く北朝鮮に帰還し行方の知れない家族もあるに違いない。きっと悲喜交々《ひきこもごも》であるはずだが、今となっては人々の「その後」を確かめる術はない。それは、流砂のように消え行き、記録されることすらない歴史として忘れ去られていくのだろうか。

「記憶としての在日」が意識されるにつれ、私の中で初めて、過去の恩讐《おんしゅう》を超えて「パトリ」としての熊本がこれまで以上に自覚されるようになった。少しずつ井戸を掘るように熊本のことを知るたびに、この土地に累積された思想の厚みに気づかされ、その中から浮かび上がってきたのが、横井小楠と彼の「天地公共の実理」の思想であった。

岸信介《きしのぶすけ》、吉田松陰《よしだしょういん》と横井小楠

横井小楠が幕末に活躍した思想家だということは、もちろん以前から知っていた。小楠は勝海舟《かつかいしゅう》や坂本龍馬《さかもとりょうま》らと親しく交流しており、特に勝海舟が西郷隆盛《さいごうたかもり》と並んで小楠を高く評価し、「おれは今迄《いままで》に天下で恐ろしいものを二人見た」と語っていたことは有名である。だが、それほどの英傑でありながら、小楠は歴史上の人物としては傍流に位置づけられており、どのような思想の持ち主であったのかは、あまり知られていないように思う。日本史や日本思想史の門外漢である私自身、横井小楠について通り一遍の知識しか持ち合わせていなかった。

私が小楠について深く知るようになるきっかけは、偶《たま》さか岸信介について研究を進める途上で小楠に目が向くようになったことにある。

数年前、集英社の創業九五周年記念企画として立ち上がった『アジア人物史』全一二巻の総監修を引き受け、同時に現代に関わる巻で岸信介について執筆することになった。「昭和の妖怪」の異名を持つ岸信介は、戦前は革新官僚として「満洲国」を差配し、敗戦でA級戦犯の嫌疑を受けながらも復活を遂げ、戦後五五年体制の礎《いしずえ》を築き、安保改定を強行するなど、棺《かん》を蓋《おお》いてなお毀誉褒貶《きよほうへん》が尽きない人物である。彼が果たせなかった「憲法改正」の願いは、およそ半世紀の時を経て孫の安倍晋三《あべしんぞう》元首相へと引き継がれた。ロシアのウクライナ侵攻後、日本の防衛政策が急速に転換したことを考えると、その宿願は遠からず実現するかもしれない。岸の思想と行動を考えることは、「戦後民主主義」とは何だったのかという問いに答えることにもつながる。

岸の生地が山口県、すなわち長州であったことは重要なポイントである。長州は、近代日本誕生の原動力となった人々を生んだ明治国家の「聖地」であり、さらに岸の曽祖父・佐藤信寛《さとうのぶひろ》は吉田松陰に兵法学を教え、晩年まで伊藤博文《いとうひろぶみ》ら維新の元勲と交流を持っていたという。そんな祖父の謦咳《けいがい》に接し、さらに義理の叔父・吉田祥朔《よしだしょうさく》にたびたび松下村塾など明治維新の「遺跡」へと連れて行かれた岸は、自ら語った通り「吉田松陰先生に大変な影響を受け」ている（原彬久編『岸信介証言録』中公文庫）。

岸を知るためにはそのケルン（核心）である松陰を知らなければならないと考えた私は、『吉田松陰全集』（大和書房）を折りに触れて拾い読みしていた。第二巻の月報を読んでいたときのことだ。歴史学者・松浦玲《まつうられい》氏の寄稿「〈吉田松陰の世界〉明治天皇制国家と吉田松陰」における「維新前における革命的思想のありようとして、松陰的なものが最善であったかどうか、別の革命的思想は無かったろうか」という問いが目に留まった。そして「松陰的なもの」のカウンターパートとして紹介されていたのが、横井小楠だったのである。

「アジアの一つの普遍思想である儒教は、その伝統的解釈をより良い方向に解釈しなおしていく思想が現実の力を得れば、危機におけるアジア全体を救い、人類的正義をもっと早く確立できただけの思想的条件をもっていた」とする松浦氏は要約すると、小楠はヨーロッパ近代の国家原理に侵略主義が内包されていることを見抜き、儒教本来の「仁」の思想という観点で世界の政治を根本から改めるべきだと確信していたと述べている。この文章は、私の「儒教＝封建《ほうけん》的」というイメージを一新させ、儒教の中にあるアイデアリズム（理想主義）、さらには、それがアジア発の新たな「普遍」を生み出す可能性に着目するきっかけをもたらしてくれた。

「天地公共の実理」と儒教の「道」

松陰が指し示したものが近代日本を貫いた「日本単独の国家的エゴイズム」だとすれば、アジアから生まれる「普遍」へとつながる「別の革命思想」は、横井小楠のどこに見出せるのだろうか。

注目すべきは、彼が幕末の日本に激震を走らせたウエスタン・インパクトの最中にあってなお、ナショナル・インタレスト（一国的国益）を超えた視点を持ち、儒教の「道」を普遍的な価値観として何よりも重視したことである。

小楠は嘉永《かえい》六年（一八五三年）、ロシアの使節プチャーチンが長崎に来航した際、交渉役に任じられた幕臣・川路聖謨《かわじとしあきら》に送った書簡の中で次のように述べている。

凡《およそ》我国の外夷《がいい》に処するの国是たるや、有道の国は通信を許し無道の国は拒絶するの二ツ也《なり》。有道無道を分たず一切拒絶するは天地公共の実理に暗して、遂《つい》に信義を万国に失ふに至るもの必然の理也。

（「夷虜応接大意」）

吉田松陰が開国を決めた幕府の老中に激怒したのとは対照的に、小楠の判断基準は「夷《い》狄《てき》」であるかどうかではなく、「有道／無道」にあった。「夷狄」であるからといって、平和的に交渉を求める「有道」の国も拒絶するというのは、「天地公共の実理」に反する行いだと小楠は言う。ここでの「天地」は「天下」とは異なり、儒教が内包するある種の自然法思想を指し、「公共」は「私」に対する「公」である。つまり、「天地公共の実理」とは国を超えて存在する普遍的な道徳的原理だと言い換えられるだろう。

「道」や「天地公共の実理」によって物事を見る小楠は、尊皇攘夷《そんのうじょうい》の嵐を呼んだ西洋諸国の来訪に対しても、冷静かつ客観的な目を持ち続けた。「天地の気運と万国の形勢は人為を以《もっ》て私する事を得ざれば、日本一国の私を以て鎖閉する事は勿論《もちろん》、たとひ交易を開きても鎖国の見を以て開く故《ゆえ》開閉共に形のごとき弊害ありて長久の安全を得がたし。されば天地の気運に乗じ万国の事情に随《したが》ひ、公共の道を以て天下を経綸《けいりん》せば万方無碍《ばんぽうむげ》にして今日の憂る所は惣《そうじ》て憂るに足らざるに至るべきなり」(『国是三論』)、あるいは「諸国来て日本の鎖鑰《さやく》を開くに公共の道を以てする時は日本猶《なお》鎖国の旧見を執り私営の政を務めて交易の理を知り得ずんば愚といはずして何ぞや」(同前)などの小楠の見解は、自分の国の在り方しか考えないナショナリズムを「私」であると否定し、「公共の道」に優先させてはならないと明言するものである。

こうした「公」の「道」を「大義」という言葉で表したのが、慶応二年(一八六六年)に密航渡米したふたりの甥《おい》、左平太と太平に小楠が与えた言葉である。

堯舜《ぎょうしゅん》・孔子の道を明らかにし、西洋器械の術を尽くす。何ぞ富国に止まらん。何ぞ強兵に止まらん。大義を四海に布《し》かんのみ。

大意は「自分の国だけを豊かにしたり、軍隊を強くしたりすることを考えるのではなく、皆が平和に暮らせる社会を、世界中の国々がつくり上げることこそ最も大切なことである」というものである。儒教の理想を指す「堯舜・孔子の道」は小楠にとっては単なる理想ではなく、現実の政治においていかに実現するかという具体的問題であった。これを日本一国のみならず、世界に広げなければならないとする小楠の思想は、井上毅《いのうえこわし》との対話「沼山《しょうざん》対話」にも見ることができる（『国是三論』花立三郎訳注、講談社学術文庫より）。

井上から「洋人の万国一体四海兄弟と申唱え候は、天理に叶《かな》い候《そうろう》哉《や》（西洋人が万国は一体、世界は兄弟といっているのは、天理にかなっているでしょうか）」と問われた小楠は、「是は全体を申したるものにて、其の実を申せば親疎の差別あるべきことにて（これは原則をいっているだけで、実際は自国と他国、自分たち西洋人と他民族との親疎の差別があるのは当然のことです）」と断りつつ、「然《しか》るに華夷彼此《かいひし》の差別なく、皆同じ人類にて候えば、互に交通致、交易の大利を通じ候が今日自然の理勢と被存候《ぞんぜられ》（しかし、ほんとうは中華と夷狄、外国とわが国といった差別などなく、みんな同じ人類ですから、おたがいに交通し、貿易して大きな利益を通じあうのが、今日自然の道理だと思われます）」と答えている。一九世紀の日本に生きた小楠が、人種や民族などにとらわれない「普遍」の理念に到達していたことには驚嘆する他ない。

小楠は中国で出版されていた海外事情に関する本を長崎経由で入手し、国際情勢にも広く通じていた。小楠の西洋理解は、イギリスやアメリカの民主制にも及んでおり、共和制を「道」にかなった理想の政治と称《たた》えている。小楠がとりわけ称賛したのは、アメリカ初代大統領のジョージ・ワシントンであった。「真実公平の心にて天理を法《のっと》り此《こ》の割拠見を抜け候は、近世にてはアメリカワシントン一人なるべし」（「沼山対話」）という一文は、「割拠見（各国間の自己中心主義）」が横行する帝国主義の現実を踏まえての評価だったと言えるだろう。さらに小楠は、ワシントンが大統領の職位を退くにあたり、優れた後継者という観点でジョン・アダムズを選んだことを堯から舜への禅譲に準《なぞら》えた。これは世襲制と封建制の否定であり、天子の徳がなくなれば天命は他の人間に下るという易姓革命に通じる考え方である。福井藩主・松平慶永《まつだいらよしなが》（春嶽《しゅんがく》）に招かれたときも、小楠は世襲制の廃止を説くなど、その姿勢は一貫していた。

「実学」のその後

小楠にとって、道徳的な原理に基づいた理想的な政治をいかに実現するかということは生涯の命題であった。小楠が同志たちと結成した「実学党」の「実学」は、いわゆるプラグマティズムではなく、儒教の理想主義を具体的な実践の学問として藩政に活《い》かすことを意味していた。当時、肥後藩は藩の財政を立て直すために金貸し業を行っていたが、小楠はこれを批判し、民を富ませる「民富」こそが社会の土台になると訴えた。

だが、こうした理想主義を現実の選択の中で貫くことの困難は想像に難くない。今で言うウェルフェア（福祉）思想にも通じる小楠の藩政改革は、守旧派の「学校党」に押されていく。ちなみに、済々黌の創立者・佐々友房は「学校党」の一員であった。不遇の小楠が開いた私塾には、肥後藩士だけでなく他藩の藩士や熊本の豪農たちが集まり、彼らは後々まで小楠を支えた。徳富蘇峰・蘆花の父である徳富一敬《かずたか》も、小楠の教えを受けたひとりである。

結局、彼の改革案は故郷の熊本ではなく、彼を招聘《しょうへい》した福井藩で、ある程度実現されることとなった。このとき小楠に師事し、外国貿易や生糸《きいと》などの殖産興業を成功させたのが三岡八郎《みつおかはちろう》（由利公正《ゆりきみまさ》）だった。現代の熊本では小楠は決して人気があるとは言えないが、福井では今でも「熊本から来た」と言うと、「ああ、小楠先生の」と敬愛に満ちた言葉が返ってくる。

文久二年（一八六二年）に春嶽が幕府の政事総裁職に就いたときには、幕政改革に携わり、維新後は政府参与に任じられるなど、晩年の小楠はまさに儒教の理想を現実の政治で実現すべく表舞台に出ようとしていた。だが、明治二年（一八六九年）、小楠は攘夷論者に襲われて六一歳で命を落とす。小楠の死後、熊本藩知事となった細川護久《ほそかわもりひさ》の下で、小楠の門下生を中心とする「実学党」は雑税を免除し、熊本洋学校を設立するなど、開明的な改革を進めていく。ようやく熊本で小楠の理想が実現するように思えたのも束《つか》の間《ま》、廃藩置県の後、中央政府から派遣された知事への交代をきっかけに、「実学党」は県政の中枢から排除されていった。幼い私が日々目にしていた花岡山は、内戦の遺跡というだけではなく、閉鎖された熊本洋学校の学生たちがキリスト教宣教の誓いを立てて、熊本バンドを結成した場所でもあった。

時代の限界や矛盾があったとしても、もし小楠の「実学」が実践され続けていたとしたら、熊本はどのような場所になっただろうかと、想像せずにはいられない。いや、熊本だけではない。小楠が暗殺されなければ、小楠の「天地公共の実理」は明治国家の行く末に何らかの影響を与えたであろう。

しかし、小楠の思想に親しんだ井上毅や元田永孚《もとだながざね》は、政府の中枢で重要な役職に就きながらも、「普遍」とは離れた教育勅語や明治憲法の起草に参画していくことになる。明治二三年（一八九〇年）に発布された「教育勅語」のねらいは、「『立憲政体之主義』にもとづく国家のありよう」を支える「臣民」の「忠」と「孝」を、「皇祖・皇宗」の「肇国《ちょうこく》」「樹徳」の柱礎として確立することにあった。教育勅語は「国体」があらゆる言説を制約する有力な磁場として絶大な力を発揮する決定的な契機となったが、その源流には「天下は天朝の天下にして、乃《すなわ》ち天下の天下なり」と主張し、「一君万民的な」天皇絶対主義を高唱した吉田松陰がいた。長州人が中枢を占めた明治国家の方針とは、普遍的な「天地公共の実理」ではなく、「松陰系の国家エゴイズム」に他ならなかったのである。

日本とアジアの「認識論的・存在論的分断」

小楠と松陰はその生涯の中で直《じか》に語り合う機会を得ている。嘉永六年（一八五三年）、小楠が四五歳、松陰が二四歳のとき、かねてより互いの評判を聞いていたふたりは、熊本の小楠の家で三日間にわたり親しく話を交わした。松陰は小楠に「萩《はぎ》に来て、天下の情勢やその対処について藩士たちを指導してほしい」という内容の手紙を書き送っているが、それが実現することはなかった。安政元年（一八五四年）、松陰は再び来日したペリーの軍艦に搭乗して密航することを企てたが失敗し、捕らえられて幽閉の身となり、安政六年（一八五九年）に処刑される。

実人生での交わりはさておき、小楠と松陰との間には前者がザッハリッヒな（「客観的・公平な」「事実に即した、冷静な」）態度を貫いていたのに対して、後者が自ら「狂」と称するほどのカリスマ的なエネルギーを発散していたことをはじめ、明らかな違いがある。どこまでも儒教の「理」を信じ、その普遍を世界的視野で捉えていた横井小楠と、日本の国体を「天壌無窮《てんじょうむきゅう》」にして「万世一系《ばんせいいっけい》」たる天皇の血統に求め、その特殊性を追求する吉田松陰の思想は相容《あいい》れるものではなかった。
松陰は、水戸学の会沢正志斎《あいざわせいしさい》が用いた天皇制的な意味での「国体」という言葉を、明確に「天壌無窮」「万世一系」の皇統を基軸とする政教一致的な天皇絶対主義の体制構想へと結実させていった。松陰はその主著『講孟箚記《こうもうさつき》』（後に『講孟余話』と改題）で、儒教的な「普遍性」（「同」）ではなく、逆に「国体」の「特殊性」（「独」）を通じて「仁義同根」を立証し、「天壌無窮の皇統」をいただく「皇国」＝「神州」が「支那」、すなわち「漢土」と根本的に異なる所以《ゆえん》を論証しようと腐心している。

道は天下公共の道にして所謂《いわゆる》同なり。国体は一国の体にして所謂独なり。君臣父子夫婦長幼朋友、五者天下の同なり。皇朝君臣の義万国に卓越する如《ごと》きは、一国の独なり。（中略）国俗と国体とは自ら別なり。大抵国自然の俗あり。聖人起りて其の善を采《と》り、其の悪を濯ひ、一箇の体格を成す時は、是れを国体と云《い》ふ。（中略）然るに一老先生の説の如く、道は天地の間一理にして、其の大原は天より出づ、我れと人との差なく、我が国と他の国との別なしと云ひて、皇国の君臣を漢土の君臣と同一に論ずるは、余が万々服せざる所なり。（中略）一国に居りては国法を奉じ、皇国に居りては皇国の体を仰ぐ。（『講孟箚記』）

文中に取り上げられている「一老先生」とは、長州藩の藩校・明倫館《めいりんかん》の学頭であった儒学者・山縣太華《やまがたたいか》のことである。「我が国と他の国との別なし」とする太華に対し、松陰は「皇国の君臣を漢土の君臣と同一に論ずるは、余が万々服せざる所なり」と、断固反論する。「我が国の皇室とそこにおける君臣の義、これは日本だけにしかない」という特殊性の主張は、「支那や朝鮮半島は日本に劣る」、さらに「日本は『天下公共』とは別の論理で動いている特別な国だ」という論理へと発展していく。こうした牽強付会《けんきょうふかい》とも呼べる「国家エゴイズム」は、松陰の「狂」のパッションを通じて幕末期の維新の志士たちを動かし、日本の近代を駆動させていくことになるのである。

丸山眞男《まるやままさお》は松陰の「国体」ナショナリズムを「ナショナリズムの前期的形成」と捉えたが、その形成の中には既に「帝国主義の前期的形成」、すなわち対外的な膨張＝侵攻の勢いが隆起しつつあった。

たとえば、安政二年（一八五五年）、松陰は兄の杉梅太郎《すぎうめたろう》宛に送った書簡の中で、次のように綴《つづ》っている。

魯《ろ》・墨《ぼく》講和一定す、決然として我れより是れを破り信を戎狄《じゅうてき》に失ふべからず。但だ章程を厳にし信義を厚うし、其の間を以て国力を養ひ、取り易き朝鮮・満洲・支那を切り随へ、交易にて魯国に失ふ所は又土地にて鮮満にて償ふべし。

ここで松陰が述べているのは、「ロシアとアメリカという強国と和親を結んだ以上、それを一方的に破棄するような国際的な条理に悖《もと》る行いに打って出るよりも、和親による関係を維持しつつ、国力を育成し、朝鮮・満州・中国を計略して領土を奪うことによって、交易でロシアに奪われたものと相殺するのが良策だ」ということである。

明治に入り、福澤諭吉は「一国の人心を興起して全体を感動せしむるの方便は外戦に若《し》くものなし。神功皇后の三韓征伐は千七百年の古に在り、豊太閤の出師も既に三百年を経たれども、人民尚これを忘るること能はず」（『通俗国権論』）と唱えた。そうしたアジア経略論の先触れは、「朝鮮の如きは古時我れに臣属せしも、今は即《すなわ》ち寖《や》や倨《おご》る、最も其の風教を詳《つまびら》かにして、之《こ》れを復《かえ》さざるべからざるなり」(『幽囚録』)という松陰の言葉に見ることができる。

秀吉の朝鮮出兵、さらには「三韓征伐」という神話を、民族的な記憶として伝える「皇威」の及んだ歴史的な出来事とし、朝鮮をはじめとする近隣アジア諸国は皇国に「綏服《すいふく》(自らの勢力圏に組み入れることを当然視すること)」すべしという心象は、松陰のみならず、既に江戸時代の知識人たちの中に胚胎《はいたい》していた。山鹿素行《やまがそこう》『中朝事実《ちゅうちょうじじつ》』、中井竹山《なかいちくざん》『草茅危言《そうぼうきげん》』、佐藤信淵《さとうのぶひろ》『宇内混同秘策《うだいこんどうひさく》』など、その例は枚挙に暇《いとま》がない。朝鮮を属国候補とする根深い侮蔑意識の表れは、アジアを他者として突き放し、「文明」としての「自己」を確立しようとする近代日本の「脱亜入欧」というスローガンへと結実していく。卑俗化された朝鮮についてのオリエンタリズム的な心象心理は再生産され続け、明治以来の文明論的歴史発展論、大川周明《おおかわしゅうめい》を通じたアジア主義、マルクス主義的な戦後歴史学、さらには「アジア的停滞性論」に伴うアジア蔑視観へと続いていくことになる。

日本はなぜ「普遍」を生み出せなかったのか

自らのユニークさを誇ることでウエスタン・インパクトの衝撃に対峙《たいじ》するという例は、日本以外の国にも見られたはずである。そしてそこから生まれたナショナリズムは、西洋がもたらす「普遍」と争う上での力であった。しかし、ユニークさを際立たせていった結果、自国から最も近い国々に対して欧米と同じように覇権を及ぼす方向に向かったというのは、それこそ日本の特殊性ではないだろうか。その意味で、近代の始まりにおいて、朝鮮半島とどう向き合ったのかということは、アジアにおける日本のポジションを考えるときに決定的に重要だと言えるだろう。

なぜ日本は同じアジアを支配することをためらわなかったのか。西嶋定生《にしじまさだお》の『古代東アジア世界と日本』（岩波現代文庫）によれば、その背景には、当時の日本が中国＝清《しん》王朝の冊封《さくほう》体制から切り離され、理想型としての中華を物神崇拝し、自らその地位にあるというイリュージョンを体現できたことがあるという。前近代の日本が「中華＝日本」という自己完結的な「小宇宙（ミクロコスモス）」をなしていたことは、一九世紀初頭以降の外圧への危機意識を梃子《てこ》に、日本型華夷秩序を唱える「神国」思想を台頭させることにつながり、攘夷派の思想的基盤となっていった。

「攘夷」と「開国」は対極的に見えながら、冊封体制の外にあることからくる「同一の実体の表裏の関係」にあったと西嶋は言う。ウエスタン・インパクトを受けた日本が「植民地社会への転化」に向かわなかったのは、中国冊封体制の下にあった朝鮮半島やベトナムと違い、宗主国の動向にとらわれることなく、比較的自由な政治的選択をする余地がこの国に残されていたからである。東アジアの冊封体制を打ち破り、ウェストファリア体制的な「インターステイト・システム」をこの地域に導き入れる先駆者となった日本は、それと同時に、朝鮮を植民地とすることによって成り立つ資本主義的なシステムの中に自らを組み入れていく。この「自己転身」は、東アジアの歴史世界の中で中国の衛星国であった日本と朝鮮を、それぞれポジとネガの近代化へと歩ませることになった。

いわば西洋の「極東代理店」の役割を果たし、東アジアの冊封体制を破壊しながらも、日本は、東アジアに新しい世界秩序を創造する独自の論理を創り出すことはできなかったのである。そのため一九一〇年の韓国併合は、日本国皇帝が「前韓国皇帝を冊して王となす」という冊封詔書を発布する形をとることになった。これは自らを「中華」に置き、朝鮮を「藩国」の地位に貶《おとし》める新たな華夷秩序の再編に過ぎなかった。

「アジアの解放」という「大義」を掲げ、敗戦によって潰《つい》えた「大東亜共栄圏」もまた、自己完結的な東アジア世界の構想であった。「大東亜共栄圏」は、アジア連帯の思想であるアジア主義のひとつのバリエーションであったが、フロイト的なスキームを援用すれば、「脱亜入欧」によって「アジア＝父親」を殺し、東アジアの「鬼子《おにご》」と化した近代日本は、その「エディップスコンプレックス」のゆえに「アジア連帯」を標榜《ひょうぼう》することになったと解釈してもいいかもしれない。「アジア主義」のバリエーションはさまざまで、中には純粋な動機に駆動されていたものもあったが、その帰結は負の遺産にしかならなかった。この体験をいかに清算するか、そしてどのように日本がアジアに再「着床」するのかということは、今なお達成されていない重い課題であり続けている。

近代日本の未発の可能性

自ら「小中華帝国」をなす日本の体制教学は、朱子学をメインとする儒教イデオロギーであり、江戸時代には東アジアでも稀《まれ》なほどの体系的な諸学派が百花繚乱《りょうらん》のごとく競い合っていた。その中でも主流であり続けたのが荻生徂徠《おぎゅうそらい》の徂徠学であり、丸山眞男は『日本政治思想史研究』（東京大学出版会）において、幕末から近代日本にかけての日本の思想には、徂徠学から連なるいわばひとつの大きな幹があったと論じている。「内なる道徳的な原理」と「制度論としての政治」とを明確に分けた徂徠学の考え方を、丸山は自由意志の主体としての人間が社会秩序を作為するというヨーロッパ近代のゲゼルシャフト的思想と照応している。

大塚久雄《おおつかひさお》の人間類型や丸山が参照する主体的作為は、学問の徒として私が学んだ近代のパラダイムのひとつであり、それらに当てはめる形で、資本主義や国民国家がアジアの中で成り立つかどうかを論じることは、思想的立場を超えて広く受け入れられていた。

しかし、私はサイードやウォーラーステインを通じて、自分が学んできた近代の間口、そのサイズや奥行きがきわめて歪《ゆが》められたものであったとようやく気づくことになった。そして、実は郷里・熊本という自分のすぐ近くで、「普遍」という問題に早くから向き合っていたのが横井小楠だったのである。

当時の世相からすれば異例とも呼べる小楠の開明性もまた、やはり儒教で培われたものであり、これまで見てきたように小楠の思想は「小中華」とは無縁の普遍性を持っていた。それが可能だったひとつの理由は、小楠が李朝朝鮮を代表する儒学者・李退渓《イテゲ》（李滉《イファン》）を深く学んでいたことにある。朝鮮への蔑視はもちろんのこと、そもそも国家間の関係をヒエラルキーで見るという考えを持たなかった小楠の「天地公共の実理」の普遍主義がさらに洗練されていたならば、真の意味でのアジア主義が日本から生まれていたかもしれない。実際、小楠は勝海舟と共に、中国、朝鮮、日本の三国連合論を構想し、東アジアの国々が平和裡に連帯してウエスタン・インパクトに向き合うビジョンを描いていたのである。

日本で小楠のような普遍主義が主流とならなかったのは、一九世紀末期の帝国主義の暴力的な勢いがそれだけ強かったことの表れでもあるだろう。それに加え、松下村塾で多くの維新の功臣を育てた松陰と異なり、小楠には後継者がいなかったことも関係している。前述の井上毅、元田永孚の他、弟子筋としてはいわば「直系」にあたり、生涯にわたって小楠を尊敬した徳富蘇峰も、後に平民主義から帝国主義者へと変貌し、小楠の思想を引き継ぐことはなかった。むしろ、小楠の系譜として挙げられるのは、中村正直《なかむらまさなお》、宮崎滔天、幸徳秋水《こうとくしゅうすい》、「雨の降る品川駅」を書いた中野重治《なかのしげはる》、柳宗悦《やなぎむねよし》、石橋湛山《いしばしたんざん》などの人々である。

彼らの共通点は、日本と朝鮮（あるいはアジア）の間に格差を設けず、あくまで両者を地続きで考える姿勢にある。私は彼らの中に、日本の近代の未発の可能性、そして二一世紀のアジアから生まれる「公的な権能」としての「普遍」の芽を見る思いがしている。

小楠の思想は国やヨーロピアン／アジアンという言葉自体を無化し、人々をひとつの地球に生きる人類として考え、行動していく時代の先触れであったと言えるかもしれない。本章の冒頭でも述べたように、二一世紀の世界において、アジアも西洋も関わりなく直面しているのは持続可能な生態系の問題だが、水俣《みなまたびよう》病を経験した熊本は、そのことと最も直結している場所である。胎児性水俣病の発見者である、熊本大学医学部の原田正純《はらだまさずみ》氏が横井小楠の実学思想にかなりの影響を受けていると聞いて、私は驚くと同時に深く納得した。

日本の近代一五〇年間を経て、その限界が明らかとなった今、これまで自明のものとしてきた「勝者の記録」としての歴史とは違う視角から、われわれが置き忘れてきたものを見直すときがきているのではないだろうか。吉田松陰や福澤諭吉などの「勝者」たちとは違う、真に豊かで多様な人々の声は、私にとっての熊本がまさにそうであったように、おそらくこれまで気にも留めなかったパトリのような場所で聞かれることを待っているのだと思う。そうした思いを胸に、私は終《つい》の住処《すみか》を熊本で探すことを考えた。

　相談した不動産業者に「いいところがある」と案内されたのは、なんと私が幼いころに過ごしていた「在日」の集落の跡であった。かつて一〇〇世帯以上が暮らしていた粗末なバラックはもはや跡形もなく、代わりに瀟洒《しょうしゃ》な高級住宅が立ち並んでいる。どこか見覚えのある風景に「まさか」と半信半疑になった私は、辛うじて記憶に残っていた花岡山に上る階段を見つけ、「確かにここだ」と懐かしい気持ちでいっぱいになった。古希を過ぎて初めてパトリを再発見した私は、新たなアジアへの回路を探し、これからも故郷を掘り起こしていくことになるだろう。グローバルな「普遍性」も、ローカルな「個別性」を掘り起こす無窮の試みの地平からしか見出せないのであるから。

おわりに

ウクライナの残酷な戦争は、何を意味するのだろうか。

それは、ロシアという国の「アジア的な野蛮」に対する「西欧的な文明」の勝利に向けた戦いなのだろうか。そうだとすると、「アジア的な野蛮」を専制主義に、「西欧的な文明」を民主主義にそれぞれ置き換えることができるとすれば、ロシアとウクライナの戦争は、専制主義の暴虐に対する民主主義の「正戦」ということになる。

確かにロシアのウクライナ侵攻は、国際法や国際正義に悖《もと》る「蛮行」と言える。しかし、そうした「蛮行」に近いものであれば、冷戦終結以後、湾岸戦争からイラク戦争、アフガニスタン戦争と、アメリカの単独行動主義的な軍事介入でお馴染《なじ》みのものだったはずだ。

だが、そのときに「アメリカ的なるもの」がことさら地形・文化的な（geo-cultural）「特殊性」として取り上げられることがあっただろうか。

「西欧文明」と「非西欧文明」——特に中華文明とイスラーム文明——の対立という、サミュエル・ハンチントンが描き出した「文明の衝突」の図式からもわかるように、「特殊性」はあくまでも「非西欧」(Non-Western)にあてがわれているのである。その意味で「普遍性」は、世界を視《み》る主体としての西欧＝アメリカだけの「特権」であると言える。この「特権」こそ、「覇権(ヘゲモニー)」の別称に他ならない。

覇権国家とは、経済や軍事、政治やテクノロジーだけでなく、いやそれら以上に、文化的なヘゲモニーを通じて、不平等な関係を世界に押しつけることができる国家を指している。第一次世界大戦以後の覇権国家がアメリカであったことは誰もが認めるところである。

しかし、冷戦終結から三〇年、事実上の「アメリカン・スタンダード」としての「グローバル・スタンダード」が世界を席巻し、そのヘゲモニーが盤石になったように見えたにもかかわらず、逆にそれに陰りが生じつつある。言うまでもなく、「アジア的なるもの」が台頭し、それは「西欧」＝「文明」の反転像としての「野蛮」だけでなく、「成長」と「繁栄」の意味をも含むようになったからである。そのフロントランナーが中国である。

既にこれまで現代中国の光と影、というよりその「暗部」については夥《おびただ》しい数の情報が氾濫するとともに、西側諸国では「シノフォビア（中国恐怖症）」が蔓延《まんえん》し、新型コロナウイルスのパンデミックはそれを一挙に拡散させることになった。二〇二二年二月末のロシアによるウクライナ侵攻以後は、中国による台湾の武力統一の脅威がリアリティを増し、東アジアの分断・対立の危機は深まるばかりである。果たして第三次世界大戦は起きるのか？　このような問いが今まで以上にリアリティを持ちつつあるのだ。

しかし、そうした半ば「自己洗脳」のような形で拡散しつつある「中国脅威論」に対して、それとは矛盾した動きが顕在化しつつある。そのひとつは、仇敵《きゅうてき》のような関係であった中東のふたつの大国――スンニー派の「総本山」ともいうべきサウジアラビアと、シーア派の最大の拠点イランとが、中国の仲介を通じて関係の正常化へと向かいつつあることである。

この中東、あるいは西アジアの歴史に巨大な一頁を開く画期的な合意が、中国の介在を通じて実現したという事実は、世界の覇権の構造にどのような影響をもたらすことになるのだろうか。

それは巨視的に見れば、一七世紀から一九世紀前半において、中国をトップとするアジア地域の経済的な繁栄が西ヨーロッパとアメリカ——ハンチントンの言う「西欧文明」諸国を凌駕《りようが》していたように、「パックス・シニカ（中国の平和）」、または「パックス・アジア（アジアの平和）」の時代の到来を意味することになるのだろうか。

あるいは、それは「アメリカン・スタンダード」に代わる別の覇権的なスタンダードとしての「オクシデンタリズム」の台頭に過ぎないのだろうか。

もし中国の仲介を通じてロシアとウクライナが停戦に合意し、とにもかくにも大規模で苦痛に満ちた残酷な戦争が止《や》むとすれば、中国の覇権的な威信は一挙に高まっていく可能性がある。

仮に中国の「和平仲介」が失敗したとしても、それは台湾の「平和統一」への中国のシグナルとして、「台湾危機」の回避に決定的な役割を果たすことになるかもしれないのだ。

一方、ハンチントン的な「文明の衝突」の図式で決定的に抜け落ちているのは、ウェーバーの宗教社会学的なタームを敷衍《ふえん》するならば、一神教的な宗教倫理の文明とは最も対極に位置する儒教的な「現世適応」のプラグマティズムの恐るべき柔軟さである。「黒い猫でも白い猫でも鼠《ねずみ》を捕るのが良い猫だ」。この鄧小平《とうしようへい》の言葉に倣って言えば、「黒い猫でも白い猫でも平和をもたらす猫は良い猫だ」ということにならないか。
もちろん、それは人権や自由、民主主義といった「普遍的価値」を蔑《ないがし》ろにする見せかけの「平和」であるという批判があるに違いない。だが、第一次世界大戦に関する記念碑的なドキュメントを残したバーバラ・W・タックマンの次のような結論を、われわれは決して忘れてはならないはずだ。

ついに戦争が終わったとき、ひとびとの希望とはうらはらの種々さまざまな結果が生じた。そのなかに、他のすべての結果を支配しかつ超絶したものがあった——幻滅である。

（『八月の砲声』下巻、山室まりや訳、ちくま学芸文庫）

西側諸国の援助でウクライナが事実上、勝利を収めたとして、最後に残るものがタックマンの言う「幻滅」であるとすれば、歴史は繰り返されることにならないか。その可能性が高いとすれば、たとえ無原則的なプラグマティズムと揶揄《やゆ》されようと、虐殺と殺戮《さつりく》を一日も早く終わらせる「猫」（＝中国）の方が良い「猫」であることに変わりはないはずだ。

このことは、アメリカの覇権に代わって中国の覇権を称揚しようとするものではない。それでは、サイードが指摘していたように、「オリエンタリズム」に対して「オクシデンタリズム」を対置しただけに過ぎないからだ。重要な点は、「異質な」もの、さらに「敵対的」なものとの共存という、アイザイア・バーリンの保守思想の叡智《えいち》を現代に活《い》かす柔軟で強《したた》かな「実学」が必要とされていることである。それが世界のグローバル・スタンダードになったとき、西欧とアジアの二分法は意味をなさなくなっているはずである。

本書では、「アジア的なるもの」とは何なのか、この問いについて、個人史、時代史、思想史、さらには理論史の重なり合いの中で論じてきた。本書を通じて、読者が破局的な危機の本質を考えるヒントを見つけ出してくれれば、著者としては望外の喜びである。

ひとつの本が世に出るまでにどれだけの人々の尽力と協力が必要なのか、今回ほど痛感したことはない。私にとって肝胆相照らす「伴走者」とも言える集英社の落合勝人さんには、本書の構成や内容に踏み込んでさまざまなインスピレーションをいただいた。ここに心より感謝の意を述べたい。『アジア人物史』の編集を一手に引き受けた落合さんと、アジアの時代と人物について縦横無尽に語り合った貴重な機会は、本書成立の決定的なきっかけになったのである。

石戸谷奎《いしとやけい》さんの的確で鋭い評価は、本書の全体的なカラーを決める上で重要な決め手になった。ここに感謝の意を表する次第である。また若い編集者・小山田悠哉《ゆうや》さんからは、新世代の歴史感覚を知る上で貴重な示唆を受けた。ここに改めて感謝の念を表したい。

そして何よりも本書が世に出ることになったのは、加藤裕子さんの助力のお陰である。加藤さんの該博な知識と情報量は本書の成立にとって決定的な意味を持っており、心より加藤さんに感謝の言葉を表したい。

さらに、今回、校閲の「凄《すご》さ」、その特筆すべき価値についてこれまで以上に痛感させられた。集英社クリエイティブの方々に敬意を表するとともに、感謝の気持ちでいっぱいである。

二〇二三年四月二一日

姜尚中

参考文献

バーバラ・W・タックマン『八月の砲声』上・下（山室まりや訳、ちくま学芸文庫、二〇〇四年）
サミュエル・ハンチントン『文明の衝突』（鈴木主税訳、集英社、一九九八年）
フランシス・フクヤマ『歴史の終わり〔上〕歴史の「終点」に立つ最後の人間』（渡部昇一訳、三笠書房、一九九二年）
フランシス・フクヤマ『歴史の終わり〔下〕「歴史の終わり」後の「新しい歴史」の始まり』（渡部昇一訳、三笠書房、一九九二年）
栗原彬『歴史とアイデンティティ――近代日本の心理＝歴史研究』（新曜社、一九八二年）
アレクサンドル・ゲルツェン『向こう岸から』（長縄光男訳、平凡社ライブラリー、二〇二〇年）
福沢諭吉『文明論之概略』（松沢弘庸校注、岩波文庫、一九九五年）
カール・レヴィット『ウェーバーとマルクス』（柴田治三郎・脇圭平・安藤英治訳、未來社、一九六六年）
丸山眞男『日本政治思想史研究』（東京大学出版会、一九五二年）
大塚久雄『社会科学の方法――ヴェーバーとマルクス』（岩波新書、一九六六年）
大塚久雄『社会科学における人間』（岩波新書、一九七七年）
大塚久雄『共同体の基礎理論　他六篇』（小野塚知二編、岩波文庫、二〇二一年）
マックス・ウェーバー『儒教と道教』（木全徳雄訳、創文社、一九七一年）
マックス・ウェーバー『古代社会経済史――古代農業事情』（上原専禄・増田四郎監修、渡辺金一・弓削達訳、東洋経済新報社、一九五九年）

マックス・ヴェーバー『宗教社会学論選』（大塚久雄・生松敬三訳、みすず書房、一九七二年）
マックス・ウェーバー『ロシア革命論Ⅰ』（雀部幸隆・小島定訳、名古屋大学出版会、一九九七年）
マックス・ウェーバー『ロシア革命論Ⅱ』（肥前栄一・鈴木健夫・小島修一・佐藤芳行訳、名古屋大学出版会、一九九八年）
マックス・ウェーバー『東エルベ・ドイツにおける農業労働者の状態』（肥前栄一訳、未來社、二〇〇三年）
ヴェルナー・ゾンバルト『恋愛と贅沢と資本主義』（金森誠也訳、講談社学術文庫、二〇〇〇年）
近藤和彦『文明の表象　英国』（山川出版社、一九九八年）
ブライアン・S・ターナー『ウェーバーとイスラーム』（樋口辰雄・香西純一・筑紫建彦訳、第三書館、一九九四年）
小谷汪之『共同体と近代』（青木書店、一九八二年）
エドワード・W・サイード『オリエンタリズム』上・下（板垣雄三・杉田英明監修、今沢紀子訳、平凡社ライブラリー、一九九三年）
エドワード・W・サイード『文化と帝国主義』1・2（大橋洋一訳、みすず書房、一九九八年・二〇〇一年）
エズラ・F・ヴォーゲル『ジャパン アズ ナンバーワン――アメリカへの教訓』（広中和歌子・木本彰子訳、TBSブリタニカ、一九七九年）
日高勝之編著『1970年代文化論』（青弓社、二〇二二年）
村上泰亮・公文俊平・佐藤誠三郎『文明としてのイエ社会』（中央公論社、一九七九年）
金元祚『凍土の共和国――北朝鮮幻滅紀行』（亜紀書房、一九八四年）
馬場宏二『宇野理論とアメリカ資本主義』（御茶の水書房、二〇一一年）
長谷川如是閑『倫敦！　倫敦？』（岩波文庫、一九九六年）
夏目漱石『漱石日記』（平岡敏夫編、岩波文庫、一九九〇年）

夏目漱石『三四郎』（岩波文庫、一九九〇年改版）
橋川文三『黄禍物語』（岩波現代文庫、二〇〇〇年）
ルース・ベネディクト『レイシズム』（阿部大樹訳、講談社学術文庫、二〇二〇年）
『近代日本思想史講座』月報2（筑摩書房、一九五九年）
アンドレ・G・フランク『世界資本主義とラテンアメリカ――ルンペン・ブルジョワジーとルンペン的発展』（西川潤訳、岩波書店、一九七八年）
アンドレ・グンダー・フランク『リオリエント――アジア時代のグローバル・エコノミー』（山下範久訳、藤原書店、二〇〇〇年）
サミール・アミン『不等価交換と価値法則』（花崎皋平訳、亜紀書房、一九七九年）
カール・マルクス『資本主義的生産に先行する諸形態』（手島正毅訳、大月書店、一九五九年）
イマニュエル・ウォーラーステイン『脱＝社会科学――一九世紀パラダイムの限界』（本多健吉・高橋章監訳、藤原書店、一九九三年）
イマニュエル・ウォーラーステイン『ヨーロッパ的普遍主義――近代世界システムにおける構造的暴力と権力の修辞学』（山下範久訳、明石書店、二〇〇八年）
和田春樹『東北アジア共同の家――新地域主義宣言』（平凡社、二〇〇三年）
ブルース・カミングス『現代朝鮮の歴史――世界のなかの朝鮮』（横田安司・小林知子訳、明石書店、二〇〇三年）
ブルース・カミングス『朝鮮戦争の起源1　1945年―1947年　解放と南北分断体制の出現』（鄭敬謨・林哲・加地永都子訳、明石書店、二〇一二年）
ブルース・カミングス『朝鮮戦争の起源2　1947年―1950年「革命的」内戦とアメリカの覇権』上・下（鄭敬謨・林哲・山岡由美訳、明石書店、二〇一二年）

藤原和樹『朝鮮戦争を戦った日本人』（NHK出版、二〇二〇年）
良知力『向う岸からの世界史――一つの四八年革命史論』（ちくま学芸文庫、一九九三年）
モーゲンソー『国際政治――権力と平和』上・中・下（原彬久監訳、岩波文庫、二〇一三年）
姜尚中・水野直樹・李鍾元編『日朝交渉――課題と展望』（岩波書店、二〇〇三年）
ラヂオプレス編『重要基本資料集「北朝鮮の現況2004」』（RPプリンティング、二〇〇四年）
ジョヴァンニ・アリギ『北京のアダム・スミス――21世紀の諸系譜』（中山智香子監訳、山下範久解説、作品社、二〇一一年）
カール・ポラニー『〔新訳〕大転換――市場社会の形成と崩壊』（野口建彦・栖原学訳、東洋経済新報社、二〇〇九年）
ベネディクト・アンダーソン『想像の共同体――ナショナリズムの起源と流行』（白石隆・白石さや訳、リブロポート、一九八七年）
エリック・ホブズボーム『20世紀の歴史――両極端の時代』上・下（大井由紀訳、ちくま学芸文庫、二〇一八年）
原彬久編『岸信介証言録』（中公文庫、二〇一四年）
吉田松陰『吉田松陰全集』全一〇巻および別巻（山口県教育会編、大和書房、一九七二～一九七四年）
横井小楠『国是三論』（花立三郎訳注、講談社学術文庫、一九八六年）
三上一夫『横井小楠の新政治社会像――幕末維新変革の軌跡』（思文閣出版、一九九六年）
松浦玲『横井小楠』（ちくま学芸文庫、二〇一〇年）
平石直昭「近世儒学における「公共」概念の歴史的検討」（平石直昭・金泰昌編『公共する人間3　横井小楠――公共の政を首唱した開国の志士』東京大学出版会、二〇一〇年）
源了圓『横井小楠研究』（藤原書店、二〇一三年）
西嶋定生『古代東アジア世界と日本』（李成市編、岩波現代文庫、二〇〇〇年）

姜尚中（カン サンジュン）

一九五〇年生まれ。政治学者。東京大学名誉教授。鎮西学院学院長・熊本県立劇場館長。集英社創業九五周年記念企画『アジア人物史』では総監修を務める。著書は一〇〇万部超の『悩む力』のほか、『続・悩む力』『心の力』『母の教え 10年後の『悩む力』』『ナショナリズム』『朝鮮半島と日本の未来』など多数。自伝『在日』および小説作品『母―オモニ―』『心』はいずれも累計四〇万部超の話題作に。

アジアを生《い》きる

二〇二三年五月二二日 第一刷発行

集英社新書一一六三C

著者……姜尚中《カン サンジュン》

発行者……樋口尚也

発行所……株式会社集英社

東京都千代田区一ッ橋二―五―一〇 郵便番号一〇一―八〇五〇

電話 〇三―三二三〇―六三九一（編集部）

〇三―三二三〇―六〇八〇（読者係）

〇三―三二三〇―六三九三（販売部）書店専用

装幀……原 研哉　組版……今井秀之

印刷所……大日本印刷株式会社　凸版印刷株式会社

製本所……加藤製本株式会社

定価はカバーに表示してあります。

ISBN 978-4-08-721263-1 C0236

Printed in Japan

a pilot of wisdom

集英社創業95周年記念企画

アジア人物史

GREAT FIGURES in the HISTORY of ASIA

広大なアジア全領域の歴史を、評伝をつないで一望する。東洋史研究の集大成、ここに誕生!

全12巻
＋索引巻

【総監修】姜尚中　【装画】荒木飛呂彦　【装幀】水戸部功

【編集委員】青山亨　伊東利勝　小松久男　重松伸司　妹尾達彦
成田龍一　古井龍介　三浦徹　村田雄二郎　李成市

1 神話世界と古代帝国【神話～6世紀】
巻頭言◎古井龍介　[月報]エッセイ◎原 泰久

2 世界宗教圏の誕生と割拠する東アジア【2～7世紀】
巻頭言◎李成市　[月報]エッセイ◎内田 樹

3 ユーラシア東西ふたつの帝国【6～10世紀】
巻頭言◎妹尾達彦　[月報]エッセイ◎ヤマザキマリ

4 文化の爛熟と武人の台頭【10～13世紀】
巻頭言◎三浦 徹　[月報]エッセイ◎佐藤賢一

5 モンゴル帝国のユーラシア統一【12～14世紀】
巻頭言◎小松久男　[月報]エッセイ◎北方謙三

タイトル、内容などは変更になる場合があります。

集英社　姜尚中の既刊本

〈新書〉

『ナショナリズムの克服』　姜尚中　森巣博
政治学者と博奕打ちという異色コンビによる、ナショナリズム理解の最良の入門書。

『デモクラシーの冒険』　姜尚中　テッサ・モーリス-スズキ
日豪屈指の知性が、グローバル権力への抵抗を模索した、21世紀のデモクラシー論。

『姜尚中の政治学入門』　姜尚中
政治を考える上で外せない七つのキーワードを平易に解説。著者初の政治学入門書。

『ニッポン・サバイバル ――不確かな時代を生き抜く10のヒント』　姜尚中
幅広い年齢層からの10の質問に答える形で示される、現代日本で生き抜くための方法論。

『増補版　日朝関係の克服 ――最後の冷戦地帯と六者協議』　姜尚中
第二次大戦後の朝鮮半島の歴史を概観し、日米安保体制に代わる平和秩序のモデルを提示。

『悩む力』　姜尚中
悩みを手放さずに真の強さを摑み取る生き方を提唱した、100万部超の大ベストセラー。

『在日一世の記憶』　小熊英二　姜尚中　編
完成までに5年の歳月を費やした、第一級の歴史記録。在日一世52人のインタビュー集。

『リーダーは半歩前を歩け——金大中というヒント』　姜尚中
混迷の時代を突き抜ける理想のリーダー像とは？　韓国元大統領・金大中最後の対話を収録。

『あなたは誰？　私はここにいる』　姜尚中
「美術本」的な装いの自己内対話の記録。現代の祈りと再生への道筋を標した魅惑の一冊。

『続・悩む力』　姜尚中
3・11を経て、4年ぶりに「悩む力」の意味を問う。現代の「幸福論」を探求した一冊。

『心の力』　姜尚中
夏目漱石『こころ』とトーマス・マン『魔の山』から一世紀。文豪たちの予言を読み解く。

『悪の力』　姜尚中
悪を恐れ、憎みながら、みんな何を問題にしているのか？　人類普遍の難問に挑んだ意欲作。

『漱石のことば』　姜尚中
半世紀以上にわたり漱石全集を愛読してきた著者が、148におよぶ珠玉の名文を紹介。

『世界「最終」戦争論　近代の終焉を超えて』　内田樹　姜尚中
現在進行中の世界史的なレベルでのパラダイムシフトと近代的枠組みの崩壊について、根源的な議論を展開！

『アジア辺境論　これが日本の生きる道』　内田樹　姜尚中
世界各地で複数の覇権の競合関係が生まれる中、日本の生き残る鍵は？　リベラルの重鎮二人が議論。

『母の教え　10年後の『悩む力』』　姜尚中
やっぱり自分は、マザコンだけんね――。初の「田舎暮らしエッセイ」という形で、素直な心を綴った「林住記」。

『朝鮮半島と日本の未来』　姜尚中
朝鮮半島の統一はいつ実現し、日本に何が起こるのか。東北アジアの四半世紀を総括しつつ、未来を展望する。

『新世界秩序と日本の未来　米中の狭間でどう生きるか』　内田樹　姜尚中
コロナ後の国際関係はどう展開するのか。日本復活のカギとは？　これからの世界の見取り図を大胆に描く。

〈単行本・文庫〉

『在日』　姜尚中
在日二世の著者による、初の自伝。赤裸々な半生と、不遇に生きた一世たちへの想いを描く。

『母―オモニ―』　姜尚中
亡き母の記憶を辿り、切なる想いを綴ったことで、多くの読者が涙した、著者初の自伝的小説。

『心』　姜尚中
先生と学生との間の心の交流を感動的に描き、「震災後文学」の先駆を切った長編小説。

『維新の影　近代日本一五〇年、思索の旅』　姜尚中
明治維新150年の歴史で、日本が失ったものは何か。近代化の光と闇を凝視した「思索の旅」の全記録。